Textanalyse und Interpretation zu

Ruth Weiss

MEINE SCHWESTER SARA

Sabine Hasenbach

Alle erforderlichen Infos zur Analyse

Bange
Verlag

Zitierte Ausgabe:
Weiss, Ruth: *Meine Schwester Sara*. 10. Auflage. München: Deutscher Taschenbuch Verlag, 2016.

Über die Autorin dieser Erläuterung:
Sabine Hasenbach hat Mineralogie (mit den Nebenfächern Mathematik, Physik und Chemie) an den Universitäten Köln und Bonn sowie Literaturwissenschaft (mit den Nebenfächern Psychologie und Soziologie) an der FernUniversität in Hagen studiert, wo sie mit einer Arbeit über Katherine Mansfield graduiert worden ist. Sie wohnt in Düsseldorf und arbeitet an der dortigen Heinrich-Heine-Universität. In ihrer Freizeit läuft sie Langstrecke.

2. Auflage 2018
ISBN: 978-3-8044-3124-9
PDF: 978-3-8044-5124-7, EPUB: 978-3-8044-4124-8
© 2017 by Bange Verlag GmbH, 96142 Hollfeld
Alle Rechte vorbehalten!
Titelabbildung: Nelson Mandela © picture-alliance/dpa
Druck und Weiterverarbeitung: Tiskárna Akcent, Vimperk

---

1. DAS WICHTIGSTE AUF EINEN BLICK – SCHNELLÜBERSICHT   6

2. RUTH WEISS: LEBEN UND WERK   9

2.1 Biografie   9
2.2 Zeitgeschichtlicher Hintergrund   13
   Südafrika unter dem Apartheidsregime   13
   Jugendliteratur: Apartheid und Südafrika   18
2.3 Angaben und Erläuterungen zu
   wesentlichen Werken   20
   Apartheid und Post-Apartheid   20

3. TEXTANALYSE UND -INTERPRETATION   23

3.1 Entstehung und Quellen   23
   Erfahrungen mit Antisemitismus und Apartheid   23
3.2 Inhaltsangabe   26
   VOR DEM FRÜHSTÜCK (S. 7–13)   27
   FRÜHSTÜCK (S. 14–46)   27
   VORMITTAGSTEE (S. 47–72)   30
   EINE KALTE TASSE TEE (S. 73–95)   33
   MITTAGESSEN (S. 96–114)   35
   NACHMITTAGSSPAZIERGANG (S. 115–148)   36
   TEA FOR TWO (S. 149–204)   39
   ABENDESSEN (S. 205–256)   46
   ENDE DES TAGES (S. 257–287)   52
3.3 Aufbau   57

3.4 Personenkonstellation und Charakteristiken —— 62

  Hauptfiguren ———————————— 63

    Sara Lehmann/Leroux ————————— 63

    Jo(hannes) Petrus Leroux ——————— 67

    Dr. Zachariah Adriaan Leroux (Vater) ——— 70

    Maria Letitia Leroux (Mutter) —————— 75

  Nebenfiguren ————————————— 78

    Gisela Leroux ——————————— 78

    Hannah —————————————— 80

    Dr. Sam Morris —————————— 81

    Adam Simunya —————————— 82

    Greta Lerou ——————————— 83

    Lisa Leroux ———————————— 84

  Weitere Personen ———————————— 85

3.5 Sachliche und sprachliche Erläuterungen ——— 87

3.6 Stil und Sprache ——————————— 91

  Erzählersprache ————————————— 91

  Figurensprache —————————————— 91

  Erzählform und Erzählverhalten ——————— 93

  Themen und Motive ———————————— 95

  Stilmittel ———————————————— 99

3.7 Interpretationsansätze ———————— 100

  Analogien Antisemitismus und Apartheid ——— 100

  Sara zwischen Antisemitismus und Apartheid —— 104

4. REZEPTIONSGESCHICHTE 108

5. MATERIALIEN 111

Die Europäer in Südafrika ———————————— 111
Jüdische Menschen im Nationalsozialismus ————— 114
Nadine Gordimer über Ruth Weiss ——————— 116

6. PRÜFUNGSAUFGABEN 118
MIT MUSTERLÖSUNGEN

LITERATUR 128

STICHWORTVERZEICHNIS 132

1. DAS WICHTIGSTE AUF EINEN BLICK – SCHNELLÜBERSICHT

Damit sich jeder Leser in unserem Band rasch zurechtfindet und das für ihn Interessante gleich entdeckt, hier eine Übersicht.

Im 2. Kapitel beschreiben wir das **Leben von Ruth Weiss** und stellen den **zeitgeschichtlichen Hintergrund** dar:

⇨ S. 9 ff.
→ Ruth Weiss wurde am 26. Juli 1924 in Fürth als Ruth Loewenthal geboren und lebte lange Zeit in Südafrika und Rhodesien.

⇨ S. 13 ff.
→ *Meine Schwester Sara*, 2002 erschienen, ist vor dem Hintergrund des südafrikanischen **Apartheidregimes** (1948–1994) zu lesen und der **Jugendliteratur** zuzuordnen.

Im 3. Kapitel bieten wir eine **Textanalyse und -interpretation**.

Meine Schwester Sara – Entstehung und Quellen:

⇨ S. 23 ff.
→ Inspiration durch Erfahrungen mit Antisemitismus und Apartheid sowie der Lebensgeschichte eines Freundes.
→ *Meine Schwester Sara* erscheint 2002 im Maro Verlag, Augsburg.

Inhalt:

⇨ S. 26 ff.
1948 wird die vierjährige deutsche Kriegswaise Sara Lehmann von der südafrikanischen Burenfamilie Leroux adoptiert. Als der Adoptivvater Zachariah Leroux von ihrer jüdischen Abstammung erfährt, wendet er sich von ihr ab. Fortan wird sie von den übrigen Geschwistern gequält, nur ihre Adoptivmutter und der älteste Sohn Jo unterstützen Sara. Sara selbst weiß lange Zeit nicht, dass sie jüdischer Herkunft ist. Als Sara sich zu einer Gegnerin der Apart-

heid entwickelt, spitzt sich der Konflikt zwischen ihr und Zachariah Leroux zu. Er gipfelt 1965 in einem Prozess gegen Sara, in dem ihr Hochverrat sowie der Verstoß gegen die Sittengesetze (*Immorality Act*) vorgeworfen werden und der durch den Verrat Leroux' zustande gekommen ist. Sara wird freigesprochen und verlässt vorübergehend das Land. 1976 wird sie während des Soweto-Aufstandes erschossen. Jo blickt im Jahr 2000 auf die Ereignisse zurück.

Aufbau, Chronologie und Schauplätze:

Schauplätze des Romans sind Südafrika, Rhodesien (heute Simbabwe), England, USA und Deutschland. Die Handlung spielt in den Jahren 1948 bis 2000.

⇨ S. 57 ff.

Autorin Weiss hat ihren Roman mit einer
→ **Rahmenerzählung** (ein Tag im Leben von Jo Leroux im Jahr 2000) und einer
→ **Binnenerzählung** (historische Ereignisse, Apartheid in Südafrika, die Geschichte der Familie Leroux und Saras Lebensgeschichte)
strukturiert. Verknüpft werden Rahmen- und Binnenerzählung durch Dialoge sowie Erinnerungen des Ich-Erzählers.

Hauptpersonen

Sara Lehmann

⇨ S. 63 ff.

→ jüdische Adoptivtochter der Familie Leroux
→ wird wegen ihrer Herkunft von der Familie ausgegrenzt
→ engagiert sich gegen die Apartheid
→ wird 1976 in Soweto erschossen

⇨ S. 67 ff.

Jo(hannes) Petrus Leroux
→ ältester Adoptivbruder Saras
→ unterstützt Sara und verliebt sich in sie
→ erzählt im Jahr 2000 Saras Geschichte

⇨ S. 70 ff.

Dr. Zachariah Adriaan Leroux
→ Saras Adoptivvater
→ Antisemit und Anhänger der Apartheid
→ diskriminiert Sara
→ kommt bei einem Schwarzenaufstand 1976 um

⇨ S. 75 ff.

Maria Letitia Leroux
→ Saras Adoptivmutter
→ versucht Sara zu schützen

⇨ S. 78 ff.

Auch wichtige **Nebenfiguren** werden ausführlich dargestellt.

Stil und Sprache

⇨ S. 91 ff.

Die Erzählersprache ist klar und mit Parataxen durchsetzt. Die Autorin verwendet Figurensprache, zahlreiche Motive und ihre Wiederholungen. Der Roman ist in der Ich-Form geschrieben.

Folgende Interpretationsansätze bieten sich an:

⇨ S. 100 ff.
⇨ S. 104 ff.

→ Analogien zwischen Antisemitismus und Apartheid
→ Sara Lehmann zwischen Antisemitismus und Apartheid

2. RUTH WEISS: LEBEN UND WERK

2.1 Biografie[1]

Ruth Weiss
(* 1924)
© picture-alliance/dpa

JAHR	ORT	EREIGNIS	ALTER
1924	Fürth	Ruth Weiss wird am 26. Juli als Ruth Loewenthal geboren.	
1927	Hamburg	Umzug der Familie.	3
1931	Rückersdorf bei Nürnberg	Die Familie zieht erneut um.	7
1933	Fürth	Rückkehr nach Fürth. Der Vater verliert seine Arbeitsstelle und wandert zu Verwandten nach Südafrika aus.	9
1936	Johannesburg/Südafrika	Die Mutter Loewenthal emigriert mit den beiden Töchtern ebenfalls nach Südafrika, wo die Familie ein Lebensmittelgeschäft betreibt.	12
1936–1940	Johannesburg	Ruth besucht die High School.	12–16
1941–1943	Johannesburg	Sie arbeitet als Angestellte bei einem Rechtsanwalt.	17–19
1944–1948	Johannesburg	Ruth heiratet Hans Weiss und arbeitet als Buchhändlerin in dessen Geschäft.	20–24
1948–1952	Johannesburg	Ruth Weiss wechselt in ein Versicherungsbüro.	24–28
1952–1954	London	Weiss geht nach London und arbeitet im Verlag „Elek Books".	28–30

---

1   Mit Angabe der wichtigsten Jugendbücher über die jüdische und afrikanische Thematik.

2.1 Biografie

JAHR	ORT	EREIGNIS	ALTER
1954	Johannesburg	Weiss kehrt nach Johannesburg zurück. Sie arbeitet erneut in einem Versicherungsbüro, anschließend für ihren Mann als Journalistin.	30
1960–1962	Johannesburg	Weiss wird Editor bei *Newscheck*.	36–38
1962	Johannesburg	Weiss lernt Nelson Mandela kennen.	38
1962–1965	Salisbury/ Rhodesien (seit 1980 Harare/ Simbabwe)	Weiss schreibt als Wirtschaftsjournalistin für die *Financial Mail*.	38–41
1966		Die südafrikanische Regierung erteilt Weiss ein Einreiseverbot und setzt sie auf die „schwarze Liste".	42
	Harare	Sohn Alexander (Sascha) wird geboren. Weiss erzieht ihn allein.	
1966–1968	Harare	Bürochefin der *Financial Mail*.	42–44
1968–1971	London	Weiss siedelt nach London über, wird Korrespondentin des *Guardian* und schreibt für den *Investors Chronicle*.	44–47
1971–1975	Sambia	Weiss geht nach Sambia und ist bei der *Times of Zambia* als Business Editor tätig und als Korrespondentin der *Financial Times*. Sie führt ein Interview mit Willy Brandt (Bundeskanzler in Deutschland). 1975 begleitet sie Bundesaußenminister Hans-Dietrich Genscher auf einer Afrika-Reise.	47–50
1975–1978	Köln	Weiss zieht mit ihrem Sohn nach Köln. Bei der *Deutschen Welle* wird sie Chefin vom Dienst der Afrika-Redaktion.	50–53

2.1 Biografie

JAHR	ORT	EREIGNIS	ALTER
1978–1982	London	Weiss ist als freie Journalistin tätig. Sie gründet die Journalistengruppe „Link up" und berichtet von den Lancaster-House-Gesprächen.[2] Sie lernt die spätere südafrikanische Literaturnobelpreisträgerin Nadine Gordimer kennen.	53–57
1980	Simbabwe	Für das Innenministerium des jetzt unabhängigen Staates organisiert Weiss das erste Medienseminar.	55
1982	Harare/Simbabwe	Weiss ist Mitarbeiterin des „Zimbabwe Mass Media Trust"[3] und Ausbilderin für Wirtschaftsjournalisten am dortigen Polytechnikum.	57
1983	Südafrika	Weiss gründet den *Southern African Economist*, verfasst Bücher und macht Filme über die politische Situation in Südafrika, verbunden mit Vortragsreisen und Seminaren in Europa.	58
1987	Simbabwe	Weiss initiiert ein Anti-Apartheids-Projekt.	63
1988	Wuppertal	Der Roman *Feresia: ein Mädchen aus Simbabwe erzählt* erscheint.	64
1989	Simbabwe	Für den „Cold Comfort Farm Trust" in Simbabwe baut sie das Forschungszentrum „Zimbabwe Institute for Southern Africa" auf.	65
1990	Johannesburg	Nelson Mandela kommt nach 27 Jahren Haft frei. Weiss, deren Name von der „schwarzen Liste" getilgt wurde, besucht Johannesburg.	66
1992	Isle of Wight/Großbritannien	Weiss lässt sich auf der Isle of Wight nieder und arbeitet als Schriftstellerin.	68

2 Bei diesen Gesprächen wurde über die Unabhängigkeit Simbabwes verhandelt.
3 Eine wichtige Mediengruppe Simbabwes.

2.1 Biografie

JAHR	ORT	EREIGNIS	ALTER
1994	Wuppertal	Ihre Autobiografie *Wege im harten Gras* erscheint.	70
1997	Wuppertal	Publikation von *Sascha und die neun alten Männer.*	73
2000	Berlin	Der Roman *Nacht des Verrats* erscheint.	76
2002	Lüdinghausen/Westfalen	Um näher bei ihrem Sohn zu sein, der in Dänemark lebt, zieht Weiss nach Lüdinghausen.	78
	Augsburg	**Meine Schwester Sara erscheint.**	
2003	Augsburg	*Blutsteine* wird veröffentlicht.	79
2004	Berlin	Publikation von *Der Judenweg*.	80
2005	Berlin	Weiss wird für den Friedensnobelpreis vorgeschlagen.	81
2006	Berlin	Der Roman *Nottaufe* erscheint.	82
2007	Sambia; Südafrika	Weiss wird Großmutter. Reise nach Sambia und Südafrika.	83
2009	Johannesburg	Weiss hält am Goethe-Institut Südafrika einen Vortrag zum Thema *Cracking Walls – 20 Jahre Mauerfall in Deutschland.*	85
	Berlin	Der Roman *Memory's Tagebuch. Eine Geschichte aus Simbabwe* erscheint.	
2010	Simbabwe	Im Auftrag des Weltfriedensdienstes führt Weiss Interviews in Verbindung des von ihr 1987 initiierten Anti-Apartheidsprojekts.	86
	Aschaffenburg	Eine Realschule benennt sich nach ihr.	
2014	Lüdinghausen	Auszeichnung mit dem Bundesverdienstkreuz.	90
	Kapstadt	Das South African Jewish Museum und die Holocaust Foundation ehren Ruth Weiss mit einer Ausstellung.	
2015	Dänemark	Ruth Weiss zieht zu ihrem Sohn.	91

2.2 Zeitgeschichtlicher Hintergrund

ZUSAMMEN-FASSUNG

Die Handlung des Romans *Meine Schwester Sara* vollzieht sich vor dem zeitgeschichtlichen Hintergrund des südafrikanischen Apartheidregimes 1948–1994. Dieses steht für die systematische Demütigung, Ausgrenzung und gewaltvolle Unterdrückung der nichtweißen Südafrikaner durch die Weißen.

Südafrika unter dem Apartheidsregime

1948 hatten die verunsicherten weißen Südafrikaner die rechtskonservative National Party unter Dr. Daniel François Malan (1874–1959) zur regierenden Partei gewählt. Dieser kreierte die Politik der Apartheid[4], die Politik der Rassentrennung, die Nelson Mandela so definierte: „Apartheid [...] war die Kodifizierung aller Gesetze und Vorschriften, die über Jahrhunderte hinweg die Schwarzen gegenüber den Weißen in einer untergeordneten Position gehalten hatten."[5] Dies bedeutete, dass in öffentlichen Einrichtungen Zonen für Weiße und Nichtweiße[6] eingerichtet wurden, dass es Bushaltestellen für Weiße und Nichtweiße gab, Strände für Weiße und Nichtweiße und so weiter.

Trennung von Weißen und Nichtweißen

1954 wurde Malan von Johannes Gerhardus Strijdom (1893–1958) als Premierminister abgelöst, ihm folgte 1958 Dr. Hendrik Frensch Verwoerd (1901–1966). Dieser intelligente und perfide Mann entwickelte die Ideologie, mit der die Apartheid sich

Die weiße Rasse ist höherwertiger als die übrigen Rassen

---

4   Das Wort kommt aus dem Afrikaans und bedeutet „Trennung", „Gesondertheit".
5   Mandela: *Der lange Weg zur Freiheit*, S. 156.
6   Darunter fallen Schwarze, Mischlinge und Asiaten. Siehe dazu S. 85 im Roman.

2.2 Zeitgeschichtlicher Hintergrund

legitimierte. Nach dieser Ideologie ist der Weiße der Träger der modernen Zivilisation in Afrika, also eine höherwertige Rasse. Eine Mischung der Rassen bei dem herrschenden quantitativen Verhältnis von Weißen und Nichtweißen (ca. 1/3 Weiße und 2/3 Nichtweiße) degeneriere die weiße Rasse, was gleichbedeutend sei mit dem Untergang der Zivilisation. Entsprechend wurde der sexuelle Verkehr bzw. Ehen zwischen den verschiedenen Rassen verboten (*Immorality Act*).

Einführung der Homelands und Townships

Verwoerd realisierte auch die Bantustanpolitik. Er ließ zehn pseudo-autonome Wohngebiete für Nichtweiße einrichten, die sogenannten Homelands. Sie waren jeweils für unterschiedliche Volksgruppen vorgesehen. Die Menschen, die in die Homelands eingewiesen wurden, verloren die südafrikanische Staatsbürgerschaft. Dadurch wurden sie Fremde im eigenen Land ohne die ihnen zustehenden Bürgerrechte. Allerdings schob man nicht alle Nichtweiße in die Homelands ab, denn es wurden billige Arbeitskräfte gebraucht, da sich die höherwertige weiße Rasse nicht gerne die Hände schmutzig machte. Entsprechend wurde den Schwarzen Bildung vorenthalten, so heißt es im Roman: „Bantu sollten nur das einfachste Rechnen, Lesen und Schreiben in Bantuschulen lernen. Genug für Jobs als Boten, Handlanger, Hauspersonal." (Roman S. 78)

Passgesetze

Von den Verwaltungen der einzelnen Städte wurden Townships eingerichtet, in die die jeweilige Bevölkerungsgruppe zwangsumgesiedelt wurde. Aus diesen die Städte umgebenden Siedlungen, die häufig zu Slums verkamen, konnten bequem Arbeitskräfte rekrutiert werden. Das dazu passende Passgesetz regelte das Aufenthaltsrecht der schwarzen Südafrikaner in den Städten. Hatten sie keinen Pass, wurden sie außerhalb der ihnen zugewiesenen Wohngebiete nicht geduldet. Damit sollten in die Städte nur jene Schwarzen Zugang haben, die eine entsprechende Arbeitserlaub-

2.2   Zeitgeschichtlicher Hintergrund

Schwarze Frauen („Women's March") demonstrieren in Pretoria friedlich gegen die Passgesetze.
© akg-images / Africa Media Online

nis vorweisen konnten. Die Anzahl der Schwarzen in den Städten wurde so auf ein Minimum beschränkt.

Gegen diese sie diskriminierende Politik standen die Schwarzen auf. Am 9. August 1956 marschierten Tausende nichtweiße Frauen nach Pretoria, um eine Petition, in der die Abschaffung der Passgesetze gefordert wurde, an Premierminister Strijdom zu übergeben (vgl. Roman S. 130 f.). Im März 1960 demonstrierten Schwarze

2.2 Zeitgeschichtlicher Hintergrund

Massaker von Sharpeville

im bei Johannesburg gelegenen Township Sharpeville gegen die Passgesetze. Der Staat reagierte mit Gewalt, 69 Menschen wurden getötet (vgl. Roman S. 172). Außerdem wurde der ANC (African National Congress), der bisher mit friedlichen Mitteln die Rechte der Schwarzen zu sichern versuchte, verboten. Daraufhin gründete der ANC 1961 die militante Untergrundbewegung „Umkhonto we Sizwe" (Speer der Nation) unter der Führung Nelson Mandelas. In der Folge führte diese Organisation Sabotageakte durch, auf die die Regierung mit weiteren Repressionen und Notstandsmaßnahmen antwortete. 1962 wurde Nelson Mandela verhaftet und nach mehreren Prozessen zu lebenslanger Haft verurteilt. An den Zuständen änderte sich jedoch nichts. 1966 wurde Verwoerd ermordet und durch Balthazar Johannes Vorster (1915–1983) ersetzt. In seine Regierungszeit fällt der Schüleraufstand von Soweto am 16. Juni 1976, bei dem rund 15.000 Schüler auf die Straße gingen, um gegen die Einführung von Afrikaans als Unterrichtssprache zu demonstrieren. Vorster ließ auf sie schießen, 600 Kinder und junge Erwachsene starben. Daraufhin erfassten die Unruhen das gesamte Land. 1977 wurde der Studentenführer Steve Biko in Polizeihaft totgeschlagen und Südafrika zunehmend zu einem Polizeistaat. Der ANC rief daraufhin zur totalen Anarchie auf und der Ruf wurde gehört. In den Townships herrschte der Ausnahmezustand, schwarze Angestellte töteten ihre weißen Arbeitgeber und deren Kinder. Mitte der 1980er-Jahre kam es zu Wirtschaftssanktionen durch die westliche Welt.[7]

Polizeistaat Südafrika

Ende der Apartheid

1989 schließlich erklärte der zu dieser Zeit amtierende Premierminister Frederik Willem de Klerk (*1936) die Apartheidspolitik für gescheitert. In einer Rede im Februar 1990 sprach er sich für ein

---

7 Deutschland unter Helmut Kohl allerdings hielt seine Handelsbeziehungen mit Südafrika aufrecht. In der Folge avancierte die Bundesrepublik zum wichtigsten Handelspartner Südafrikas.

2.2 Zeitgeschichtlicher Hintergrund

demokratisches Südafrika aus, hob das Verbot des ANC auf und entließ erste Oppositionelle aus der Haft, unter ihnen Nelson Mandela. In Verhandlungen einigten sich ANC und die südafrikanische Regierung auf einen Gewaltverzicht und begannen mit der Arbeit an einer neuen Verfassung mit einem Präsidenten an der Spitze. Im April 1994 fanden die ersten freien Wahlen in Südafrika statt. Sie wurden natürlich vom ANC gewonnen und im Mai 1994 wurde Nelson Mandela Präsident Südafrikas.

Dieser strebte im weiteren Verlauf eine Amnestie an für politische Verbrechen, die vor dem 12. Dezember 1996 begangen worden waren. Voraussetzung war, dass die Taten öffentlich zugegeben und bereut wurden. Zu diesem Zweck initiierte Mandela die „Truth and Reconciliation Commission" (Wahrheits- und Versöhnungskommission), kurz TRC, unter dem Vorsitz des Erzbischofs von Südafrika und Friedensnobelpreisträgers Desmond Tutu. Ziel der Kommission war, Täter und Opfer in einen „Dialog" zu bringen und damit eine Grundlage für die Versöhnung der zerstrittenen Bevölkerungsgruppen zu schaffen sowie ein möglichst vollständiges Bild von den während der Apartheid verübten Verbrechen zu erhalten. Die Realität sah so aus, dass Angehörige von Polizei und Militär vor der Kommission Menschenrechtsverletzungen gestanden, selbstverständlich bereuten und dann häufig als freie Männer nach Hause gehen konnten. Sie waren danach sowohl vor Strafverfolgung geschützt als auch vor Schadensersatzansprüchen ihrer ehemaligen Opfer. Zu den Wahrheiten des „neuen" Südafrika gehört also, dass viele der ehemals Diskriminierten erneut um ihre Rechte betrogen wurden.

1999 zog sich Mandela als Präsident zurück und wurde von Thabo Mbeki (*1942) ersetzt, der 2008 zugunsten von Jacob Zuma (*1942) zum Rücktritt gezwungen wurde. Mbeki ist verantwortlich für eine desaströse AIDS-Politik. Unter dem derzeitigen Präsiden-

1994: Nelson Mandela ist Präsident

Thabo Mbeki: Verharmlosung von AIDS

2.2 Zeitgeschichtlicher Hintergrund

ten Jacob Zuma wurde Südafrika zu einer Kleptokratie.[8] Seinen aufwendigen Lebensstil finanziert er aus der Staatskasse, so spendierte er seinen vielen Frauen jeweils teure Autos und ließ sein Haus aufwendig ausstatten. Im Juli 2016 verurteilte ihn das Verfassungsgericht zur Rückzahlung von 500.000 €. Zuma ist angesichts der grassierenden Arbeitslosigkeit und anhaltenden sozialen Ungleichheit zunehmend umstritten. Bei den am 3.8.2016 stattgefundenen landesweiten Kommunalwahlen erlebte Zuma bzw. der ANC ein Debakel: Der Stimmenanteil sank von vorher über 60% auf 54%. Im November 2016 wurde ein Misstrauensantrag gegen Zuma gestellt, der jedoch scheiterte. Medien sprachen von Einschüchterungskampagnen gegen die Opposition.

Kleptokrat
Jacob Zuma

Jugendliteratur: Apartheid und Südafrika

→ *Meine Schwester Sara* von Ruth Weiss, erschienen 2002.
→ *Im Schatten des Zitronenbaums* von Kagiso Lesego Molope, publiziert 2009. Erzählt wird die Geschichte eines schwarzen Mädchens, dass nach Aufhebung der Apartheid eine gemischtrassige Schule besucht.
→ *Die Farben der Freundschaft* von Linzi Glass, publiziert 2012. Dargestellt werden die Erfahrungen einer weißen Familie im Südafrika des Jahres 1976, die gegen das Apartheidregime ist.
→ *Young Blood* von Sifiso Mzobe, publiziert 2015. Das Buch beschreibt das Abrutschen eines jungen Township-Bewohners in die Kriminalität.

----

8   Persönliche Bereicherung durch Ausnutzen gesellschaftlicher Privilegien.

2.2   Zeitgeschichtlicher Hintergrund

→ *Der Tag der Krokodile* von Michael Williams, erschienen 2009.
Erzählt wird die Flucht der Brüder Jabu und Innocent von Simbabwe nach Südafrika im Jahr 2008. Dort sind sie Anfeindungen und Gewalt ausgesetzt.

Erzählt wird von persönlichem Unglück, das die Apartheid über die schwarzen Menschen gebracht hat.

2.3 Angaben und Erläuterungen zu wesentlichen Werken[9]

ZUSAMMEN-
FASSUNG

In ihren Afrika-Romanen thematisiert Ruth Weiss die Apartheid und die ersten Jahre nach ihrer Überwindung. Schauplätze dieser Romane sind Südafrika, Simbabwe (ehemals Rhodesien) und ein fiktiver afrikanischer Staat.
Weiss schreibt über individuelle Schicksale, eingebettet in ein historisches Geschehen und räumt mit dem Klischee auf, dass die Schwarzen nur Opfer sind.

Apartheid und Post-Apartheid

Feresia (1988)

In ihrem Roman *Feresia. Ein Mädchen aus Simbabwe erzählt* von 1988 thematisiert Ruth Weiss die Lebensumstände im ehemaligen Rhodesien aus der Sicht eines Mädchens.

Nacht des Verrats (2000)

Der im Jahr 2000 erschienene Roman *Nacht des Verrats* behandelt eine unbequeme Wahrheit der Apartheid, nämlich den Kampf der schwarzen Menschen gegeneinander. Im Südafrika des Jahres 1998 deckt der für die Wahrheitskommission recherchierende Anwalt Ben Glaser ein Massaker von Schwarzen an Schwarzen auf. Eine Schlüsselrolle spielt dabei eine junge Frau, die durch jahrelange subtile Manipulation eine Persönlichkeitsveränderung durchlaufen hat.

---

9   Hier beschränken wir uns auf die Jugendbücher mit Thema Südafrika/Simbabwe. In Simbabwe, vormals Rhodesien, wurde ebenfalls die Apartheid praktiziert, allerdings etwas milder als in Südafrika. Ruth Weiss hat darüber hinaus zahlreiche andere Werke publiziert. Vgl. https://portal.dnb.de/opac.htm?method=simpleSearch&query=118630547

2.3   Angaben und Erläuterungen zu wesentlichen Werken

Im Roman *Meine Schwester Sara* (2002) erzählt Weiss vom Widerstand gegen die Apartheid. Gleichzeitig liefert dieser Roman ein Porträt der Apartheid und des Antisemitismus.

Meine Schwester Sara (2002)

Der im Jahr 2003 erschienene Roman *Blutsteine* thematisiert ebenfalls eine bedrückende Realität, nämlich die Verbrechen der neuen schwarzen Eliten. Im fiktiven afrikanischen Staat Dayemba bereichert sich ein Kartell schwarzer Potentaten durch den illegalen Handel mit Diamanten. Dabei geht es über Leichen und destabilisiert die politischen Verhältnisse der Nachbarländer. Dass ein solches Szenario keine Fiktion ist, zeigt der Prozess gegen den ehemaligen liberianischen Staatschef Charles Taylor. Dieser wurde im April 2015 vom Den Haager Sondertribunal zu 50 Jahren Haft verurteilt. Taylor war für schuldig befunden worden, während des Bürgerkriegs in Liberias Nachbarstaat Sierra Leone die Rebellen bewaffnet und zu Verbrechen angestiftet zu haben, um im Gegenzug Diamanten (sogenannte Blutdiamanten) zu erhalten. [10]

Blutsteine (2003)

Memory's Tagebuch. Eine Geschichte aus Simbabwe, publiziert 2009, handelt von der Lehrerin Memory. Als Tochter eines Weißen und einer Schwarzen ist sie Ausgrenzungen sowohl von Weißen als auch von Schwarzen ausgesetzt. Durch einen Förderer kann sie schließlich die Schule besuchen und einen qualifizierten Beruf erlernen. In diesen Roman eingebettet ist die Schilderung der politischen Verhältnisse in Simbabwe, wie Unterdrückung der Opposition, Enteignungen oder Kriminalität. Weiss stellt in diesem Roman den Regierungsstil Robert Mugabes bloß. Der ehemalige sogenannte Freiheitskämpfer ist seit 1980 Regierungschef Simbabwes. Er regiert autokratisch, so warf er Weiße aus ihren Farmen, um sie Kleinbauern zu überlassen, die allerdings selten in der

Memory's Tagebuch (2009)

---

10 http://www.bpb.de/politik/hintergrund-aktuell/169626/50-jahre-haft-fuer-charles-taylor-26-09-2013

2.3 Angaben und Erläuterungen zu wesentlichen Werken

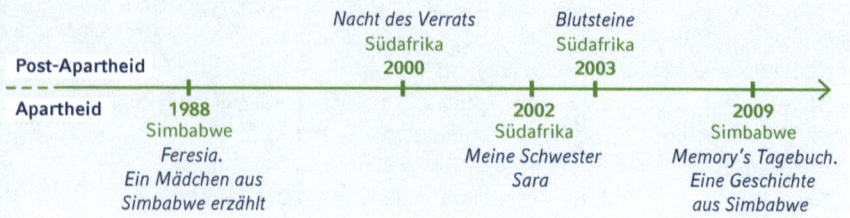

Kritik an Robert Mugabe

Lage sind, den Besitz angemessen zu bewirtschaften. Ein Indikator für die Korruption in Simbabwe ist der Umstand, dass dieses Land eines der größten Diamantenvorkommen weltweit besitzt, jedoch zu den ärmsten Ländern der Welt gehört.[11]

---

11 Vgl. auch Weiss, Ruth: *Zimbabwes Diktator. Die Perle, die den Glanz verlor*, 2016.

3.   TEXTANALYSE UND -INTERPRETATION

3.1 Entstehung und Quellen

ZUSAMMEN-
FASSUNG

Zu *Meine Schwester Sara* inspiriert wurde Ruth Weiss durch den erlebten Antisemitismus der deutschen Nazi-Zeit und die in Südafrika erlebte Diskriminierung der nichtweißen Bevölkerung.

Modell für Sara ist ein jüdischer Freund von Ruth Weiss, der in Südafrika vom Adoptivvater wegen seiner Herkunft fallengelassen wurde.

→ 2002: Erstveröffentlichung des Romans im Maro Verlag, Augsburg

→ 2004 wurde der Roman neu als Taschenbuch aufgelegt.

Erfahrungen mit Antisemitismus und Apartheid

Eigene Erlebnisse und Erfahrungen mit dem Antisemitismus und der Apartheid animierten Ruth Weiss, *Meine Schwester Sara* zu verfassen. 1936 floh sie mit ihrer jüdischen Familie von Fürth nach Johannesburg. Dort besuchte sie einen von deutschen Emigranten gegründeten Kulturverband, wo sie politisiert wurde. Als Jüdin war sie nach der Machtübernahme der Nazis offen diskriminiert worden. In einem Interview von 2014 äußerte sich Weiss wie folgt:

„Alles veränderte sich rasant. Ich ging in der Nähe von Nürnberg in eine Dorfschule, dort unterrichtete ein einziger Lehrer alle Kinder zusammen in einem Raum. Dieser Lehrer, der auch unser Nachbar war, grüßte meinen Vater mit dem Tag der Macht-

Antisemitismus

3.1 Entstehung und Quellen

übernahme nicht mehr. In der Schule ordnete er an, dass kein Kind mehr mit mir sprechen und spielen sollte."[12]

Diese Erfahrung muss auch die fiktive Sara Lehmann im Roman machen. Nachdem ihre jüdische Herkunft bekannt wurde, wird sie besonders von Zachariah Leroux ignoriert (S. 74).

Apartheid

In Südafrika wurde die Autorin Ruth Weiss ebenfalls mit Diskriminierung konfrontiert, nur stand sie diesmal auf der anderen Seite. Eines ihrer frühen Erlebnisse war der Hinweis eines Nachbarn, dass „ein Weißer kein schwarzes Kind anfasse"[13]. Auch diese Erfahrung hat Weiss in ihrem Roman verarbeitet (vgl. S. 50).

In der Schule verliert Sara ihre Freundin Belinda, weil diese farbig ist (S. 127). Dieser Fiktion liegt ebenfalls eine entsprechende Erfahrung der Autorin zugrunde, so berichtete sie in dem Interview folgendes Geschehen:

> „Mein Vater hatte mich auch in der Schule angemeldet, ich freundete mich dort mit einem Mädchen namens Nelly an. Sie lud mich nie zu sich nach Hause ein. Einmal aber klopfte ich doch bei ihr an die Tür, und es öffnete eine sogenannte Coloured, eine farbige Frau. Ab dem nächsten Tag kam Nelly nicht mehr zum Unterricht. Die Frau war ihre Großmutter, ich hatte mit meinem Besuch das Geheimnis der Familie enttarnt."[14]

Apartheid und Antisemitismus zeigen Analogien

Ihr in Johannesburg erwachtes politisches Bewusstsein veranlasste Ruth Weiss, Apartheid und Antisemitismus gleichzusetzen. Für sie ist es

---

12 http://www.spiegel.de/spiegel/print/d-127862079.html.
13 Ebd.
14 Ebd.

3.1 Entstehung und Quellen

„… das Gleiche, einen Menschen zu verurteilen, weil er schwarz ist oder weil er Jesus nicht anerkennt. Die Apartheid fußte zum Teil ja auf ähnlichen Gesetzen wie der Antisemitismus der Nationalsozialisten".[15]

Meine Schwester Sara ist Ausdruck des Denkens von Ruth Weiss und zugleich ein Porträt dieser Ideologien. In einem 2013 gegebenen Interview berichtete Autorin Weiss, dass die Romanhandlung keine reine Fiktion ist.[16] Einer ihrer jüdischen Freunde, der Kriegswaise war, wurde nach dem Zweiten Weltkrieg von einer südafrikanischen Familie adoptiert. Als sein Adoptivvater von seiner jüdischen Herkunft erfuhr, ließ er ihn fallen. Dieser Freund Arnold engagierte sich dann als Erwachsener gegen die Apartheid. Dieses Geschehen nahm Ruth Weiss auf und fiktionalisierte es. In einem weiteren Interview von 2016 sagte Ruth Weiss, dass *Meine Schwester Sara* ihr „Lieblingsbuch" [17] sei.

Keine reine Fiktion

Der Roman erschien 2002 im Augsburger Maro Verlag. Seit 2004 wird er vom Deutschen Taschenbuch Verlag (dtv) in München publiziert, inzwischen in der 10. Auflage.

Taschenbuch

---

15 Ebd.
16 http://kuenste-im-exil.de/KIE/Content/DE/Sonderausstellungen/StimmendesExil/Objekte/weiss-ruth.html?catalog=1.
17 http://www.swr.de/swr2/programm/sendungen/zeitgenossen/swr2-zeitgenossen-ruth-weiss-journalistin-und-schriftstellerin/-/id=660664/did=18454108/nid=660664/whboto/index.html

3.2 Inhaltsangabe

1948 adoptiert die in Südafrika lebende Burenfamilie Leroux ein vierjähriges, aus Deutschland stammendes Mädchen: Sara Lehmann. Das elternlose Kind wird von der Familie freundlich aufgenommen. Als Vater Leroux jedoch von der jüdischen Abstammung Saras erfährt, wendet er sich von ihr ab. Als Mitglied der südafrikanischen Regierung ist er ein Befürworter der Apartheid und zugleich Antisemit. Sara wird von den Geschwistern ignoriert und gequält. Einzig die Mutter und der älteste Sohn Jo stehen ihr bei. Als Sara von dem deutschstämmigen Mädchen Gisela auf Deutsch angeherrscht wird, reagiert sie mit einem gesundheitlichen Zusammenbruch. Der jüdische Arzt Dr. Morris rettet sie und Jo sorgt dafür, dass sie ab 1953 ein Internat besucht. Im Gegensatz zu ihrer Familie lehnt Sara die Apartheid ab.

1959 ermöglicht sie einem schwarzen Arbeiter die Flucht. In der folgenden Verhandlung wird sie aufgrund der Kontakte ihres Adoptivvaters freigesprochen. 1960 beginnt Sara ein Jurastudium in Stellenbosch und düpiert ihren Adoptivvater bei einer Preisverleihung. 1961 arbeitet sie in Johannesburg im Untergrund gegen die Apartheid. Mit dem schwarzen Journalisten Adam Simunya geht sie eine Beziehung ein, die 1965 jäh endet: Simunya wird beim Ferienhaus der Familie erschossen. Sara wird des Hochverrats und Verstoßes gegen den *Immorality Act* beschuldigt und angeklagt. Jo bittet Dr. Morris um Unterstützung, der den Spitzenanwalt Alan Richmann vermittelt: Der lässt als Zeugin eine ehemalige Insassin

3.2 Inhaltsangabe

des KZ Bergen-Belsen aussagen. Dadurch erfährt Sara, dass sie im KZ als Tochter einer Jüdin geboren wurde.

Der Richter macht Vater Leroux für Saras oppositionelles Verhalten verantwortlich und spricht Sara frei. Sie kann vor der Geheimpolizei fliehen, bereist andere afrikanische Länder und Deutschland. 1973 treffen sich Sara und Jo in Oxford wieder. Im Januar 1976 verabreden sie sich in Rhodesien, wo sie kurzfristig ein Paar werden. Im Juni 1976 kommen Sara und Zachariah Leroux bei Schwarzenaufständen in Soweto/Johannesburg ums Leben. Im Jahr 2000 lässt der inzwischen an Leukämie erkrankte Jo die Ereignisse seit 1948 Revue passieren.

VOR DEM FRÜHSTÜCK (S. 7–13)

Im Jahr **2000** packt Johannes Leroux, genannt Jo und emeritierter Professor für Biochemie, für einen Umzug ans Westkap. Auf einem in Rhodesien gekauften Hocker[18] stapeln sich Papiere, die in ihm Erinnerungen an seine Familie und seine Kindheit wecken. Leroux weiß, dass er bald sterben wird, und möchte gegen den Willen der Geschwister in das Haus *Meerkat* in Boomslang (Westkap) umziehen.

2000: Jo packt für einen Umzug

FRÜHSTÜCK (S. 14–46)

Jo nimmt ein kleines Bild mit zum Frühstück, das ihm seine schwarze Haushälterin Hannah serviert. Auf der Fotografie von 1950 sind seine Eltern und dazwischen Jo und seine Brüder Frederik, Andries, Nico, seine Zwillingsschwestern Greta und Lisa und Sara abgebildet. Jo erinnert sich, dass er sie vergessen wollte.

---

18 Weiss nennt hier die „60er-Jahre", auf Seite 277 ff. ist der Kariba-Urlaub aber im Jahr 1976.

3.2 Inhaltsangabe

Hitlers Niederlage wird bedauert

1948 war Jo zusammen mit seinen Eltern nach Kapstadt zur Ankunft des englischen Frachtschiffes „Whistler" gefahren, das 14 Kinder zwischen sieben und zwölf Jahren und eine Kinderschwester, die ein kleines Mädchen an der Hand führt, mitbringt. Viele Familien sind gekommen, „um eine gute Tat zu verrichten" (S. 19). Die Erwachsenen bedauern Hitlers Untergang in Deutschland.

1948: Sara kommt nach Südafrika

Die Kinder werden den Familien zugewiesen, in einem Hafengebäude werden die Formalitäten geregelt. Nur Familie Leroux steht noch mit dem kleinen Mädchen auf dem Platz. Als das Kind fast von einer Windböe umgestoßen wird, verhindert das Jo. Während der Vater weggeht, um wegen der in ihrem Fall ausgebliebenen Übergabe und den Formalitäten nachzufragen, bittet die Mutter Jo, das Kind nach seinem Namen zu fragen. Schließlich antwortet die Kleine, dass man sie „Kind" gerufen hat.

Solidarität mit Deutschland

Rückblick auf **1947**: Im Juni zuvor hatte die Familie Leroux bei der verwandten Familie Verster – Emma Verster ist Mas Schwester – die elfjährige Gisela, ein adoptiertes deutsches Mädchen, kennengelernt. Es wird über den Krieg in Deutschland und den Burenkrieg[19] gesprochen. Paul Verster möchte, dass weitere deutsche Kinder adoptiert werden – als Anerkennung der deutschen Haltung im Burenkrieg.[20] Vater Leroux pflichtet bei; außerdem wäre eine Adoption ein Beitrag zum Fortbestand der weißen Rasse. Durch das Gespräch erinnert sich die bei den Versters lebende Tante Susanna

Burenkrieg: englische KZs

an den Tod ihrer Mutter in einem englischen KZ. Dieser Krieg hat die Buren geprägt und ein Credo von Vater Leroux ist, das Volk zu erhalten und auf Gott zu vertrauen (S. 26). Auch Jo glaubt zu dieser Zeit an die Überlegenheit der weißen Rasse und die Pflicht, den „minderwertigen" Eingeborenen zu helfen. Er erinnert sich an ein

---

19 Vgl. Kapitel 5 Materialien, S. 111 ff.
20 Kaiser Friedrich Wilhelm II. ließ den Buren im Zweiten Burenkrieg Waffen zukommen.

3.2 Inhaltsangabe

Gespräch mit seinem Vater. Auf der Rückfahrt sagt Andries, dass er eine Schwester wie Gisela haben möchte.

Einige Wochen später kommt Großvater Oubaas Myer (Mas Vater) zu Besuch. Die Mutter teilt ihm mit, dass ihr Mann sich eine blonde, blauäugige Adoptivtochter „bestellt" habe (vgl. S. 32). Myer hatte als Bergarbeiter bei einem Unglück alle seine schwarzen Kollegen gerettet. Als 15-Jähriger hatte er im Burenkrieg gekämpft und sehr unter der Niederlage gelitten. Er lebte mit seiner Familie auf dem Witwatersrand und dort lernte Leroux die junge Maria Letitia Myer kennen, Jos Mutter. Aus Standesdünkel lehnte Leroux' Vater die Verbindung ab, doch Zachariah setzte sich durch. Jo denkt an seinen Vater, der ihm die Idee der Rassentrennung erklärte.

> Zachariah Leroux wünscht sich eine blonde und blauäugige Adoptivtochter

1948: Jos Mutter vermutet an jenem Tag im Hafen, dass „Kind" ein Kosename ist, und ist über das Alter des kleinen Mädchens überrascht. Ein ärgerlicher Vater kehrt zurück. Er hebt das kleine Kind in die Höhe, dessen Mantel vom Wind zum Flattern gebracht wird. Wie ein Engel sieht das Kind aus. Das kleine Mädchen strahlt Leroux an und der Ärger des Mannes verschwindet. Auf der Heimfahrt berichtet der Vater, dass die Unterlagen des Mädchens, das Sara Lehmann heißt, nachgereicht werden. Bei der Nennung dieses Namens runzelt Leroux die Stirn. Sara wiederholt ihren neuen Namen – Sara Leroux – und der Vater ist hocherfreut: „Sie ist erst vier … und schon so klug! Ich glaube, Sara Leroux wird Pa viel Freude machen." (S. 35)

> Innigkeit zwischen Vater und Sara

In den folgenden Monaten wird die stille Sara gut in die Familie integriert. Der Vater nimmt sie häufig zu Besuchen bei Parteifreunden mit. An einem Sonntag sitzt die Familie auf der Veranda, als Sara und die Zwillinge mit einer Puppe spielen, der Sara schließlich wie einer Toten ein Tuch über den Kopf zieht. In einem Bilderbuch entdeckt Sara einen Mann, der aussieht wie „Pa", und sagt das auf Afrikaans: Abgebildet ist ein kräftiger Bure, der eine gewisse Ähnlichkeit mit Leroux hat. Der stolze Vater lässt sich von Sara einen

> Intelligentes Kind

3.2 Inhaltsangabe

Kuss geben. Mutter Leroux ist entzückt. Jo ist über die Intelligenz Saras weniger überrascht.

Anfängliche Scheu

Anknüpfung an die Handlung um Saras Ankunft: Jo bringt Sara in ihr Zimmer und packt ihren Koffer aus, der keine persönlichen Dinge enthält. Wieder denkt er, dass sie einen Bombenangriff überlebt haben könnte. Er versichert ihr, dass die deutsche Armee ihr Bestes gegeben habe und dass auch die SS Hitler gedient habe. Sara erschrickt sichtlich und ist sehr aufgeregt. Jo versucht, sie zu beruhigen, aber Sara beginnt zu weinen. Er lässt Sara auf seine Schultern sitzen und geht mit ihr zu seinen Eltern. Später wird Jo von seiner Mutter gebeten, Sara seine Zuneigung zu zeigen. Anstelle von Disziplin und Ordnung soll das Kind in der Familie Geborgenheit und Liebe erfahren. Jo denkt, dass auch im Hause Leroux Disziplin und Ordnung herrschen und dass sein Vater eine gottesfürchtige Respektperson ist. – Die Werte des Vaters waren lange auch Jos gewesen – und sind es zum Teil noch immer.

Frederik Leroux sitzt im Wirtschaftsrat der Regierung Mbeki

2000: Jo sinniert darüber, dass auf den Familienbildern Sara fehlt. Sein Bruder Frederik erkundigt sich telefonisch nach seinem Befinden. Nachdem Jo vor seinem Biochemiestudium den Arztberuf erlernt hatte, macht er sich keine Illusionen über seinen Gesundheitszustand. Seinem Bruder erzählt Jo von dem gefundenen Bild mit Sara. Frederik reagiert aufgeregt, rät zur Schonung und berichtet, dass er zu einem Treffen des Wirtschaftsrates der Regierung Mbeki muss. Jo findet es bemerkenswert, dass sein einst rassistischer Bruder nun ein wichtiger Mann für die ANC-Regierung ist. Er bittet Frederik, Mandela zu grüßen, falls er anwesend sein sollte.

VORMITTAGSTEE (S. 47–72)

Idyll in Kleurfontein

Sieben Monate nach Saras Adoption macht die Familie Leroux ohne den Vater Ferien auf Versters Orangenplantage Kleurfontein. Sara erzählt Jo vom Versteckspiel mit Frederik. Jo will zu Sara gehen

3.2 Inhaltsangabe

und sieht, wie ein zum Haus fahrendes Auto Sara beinahe umfährt. Sara glaubt, den Vater als Fahrer erkannt zu haben. Jo macht sich mit Sara auf die Suche nach Frederik. Dabei treffen sie auf zwei schwarze Mädchen, mit denen Sara spielt. Anschließend kommen Sara und Jo an den Wohnungen der Schwarzen vorbei. Sara schlägt vor, die Kinder dort zu besuchen, was Jo ablehnt und Sara erstaunt. Schließlich finden sie Frederik und kehren zum Haus zurück.

Tatsächlich war Vater Leroux mit dem Wagen gekommen und sitzt bereits am Tisch. Die Kinder begrüßen ihn, doch der Mann verbreitet eine gedrückte Stimmung. Nach dem Essen brüllt er wegen einer Nichtigkeit sofort los. Die Kinder erschrecken sich, Sara lässt einen Löffel fallen. Leroux nennt sie ein „Gör" (S. 52), das sich bei Tisch nicht benehmen könne. Frau Leroux steht mit Nico und Sara auf. Frederik teilt die Torte, für Sara platziert er zwei Stücke auf Jos Teller. Jo bringt Sara den Kuchen. Das Kind sitzt schockiert auf seinem Bett und beginnt zu weinen. Jo schenkt Sara als Trost eine Harmonie ausstrahlende Zeichnung, auf der der Vater und sie selbst zu dessen Füßen zu sehen ist.

> Leroux schreit Sara an

2000: Jos Schwester Lisa ruft an. Jo erzählt ihr von seinen Erinnerungen und Lisa blockt sofort ab. Jo wirft ihr vor, dass sie und Greta nicht mehr mit Sara gespielt und sie jahrelang gequält hätten. Lisa entschuldigt sich damit, dass sie Kinder gewesen wären, und erklärt, dass Sara „kein Engel" (S. 55) gewesen wäre und beinahe die Eltern auseinandergebracht hätte. Jo beendet das Gespräch und möchte auch von keinem mehr angerufen werden. Jo isst den von Hannah zubereiteten Imbiss: Ei und gehackte Leber, die ein von Juden bevorzugtes Gericht ist. Er sinniert, dass Sara das nicht wusste, da sie nicht einmal wusste, dass sie Jüdin ist (S. 56).

> Fehlendes Unrechtsbewusstsein Lisas

1948: Der Vater erzählt Jo, dass Sara Jüdin ist und in einem Außenlager des KZ Bergen-Belsen geboren wurde. Nach dem Tod ihrer Mutter war sie nach Kriegsende in ein Wiesbadener Kinder-

> Sara ist Jüdin

3.2   Inhaltsangabe

heim gekommen und von dort zu den Leroux' geschickt worden. Der Vater sagt, dass Sara keine deutsche Kriegswaise, sondern „Hebräerin" (S. 57) ist. „Sara" sei der Name, den alle Jüdinnen im Deutschen Reich zu tragen hatten, so wie alle Juden „Israel" genannt wurden. Jo denkt an die Juden, die er kennt, und an seine Worte, mit denen er Sara in Pretoria beruhigen wollte. Im weiteren Gespräch wird klar, dass der Vater – anders als die Mutter – Sara nicht weiter in der Familie haben will. Jo ist verwirrt. Der Vater insistiert, dass Juden einer anderen Rasse angehören würden als Buren. Seine Frau erinnert ihn an die Verpflichtung, die sie mit Sara eingegangen seien. Leroux fällt ihr heftig ins Wort. Jo ist erschüttert, denn zum ersten Mal erlebt er uneinige Eltern und eine Mutter, die dem Patriarchen widerspricht.

Jo verliert den Respekt vor seinem Vater

Jo ist betroffen und verliert den Respekt vor dem Vater (S. 61). Mit den Worten, dass die Juden „Deutschlands Unglück" waren und er nicht möchte, dass „eine Jüdin Unglück" (S. 62) in sein Haus bringt, beendet der Vater das Gespräch. Jo rekapituliert die Geschichte der Juden und kommt zu dem Schluss, dass die Juden Unglück erlitten haben und nicht die Deutschen. Seinem Vater das zu sagen, fehlt ihm der Mut. Gleichzeitig hofft er, dass seine Mutter Saras Abschiebung verhindern kann. Ihm fällt ein, dass Großvater Myer der Meinung war, dass die Buren wie die Israeliten ein auserwähltes Volk seien und sich ihr eigenes Land gesucht hätten, womit er auf die Großen Trecks anspielte.[21] Auf Jos Frage, wo die Israeliten nun lebten, antwortete der Großvater, dass sie kein eigenes Land hätten, dass sie auf das Gelobte Land hoffen und dass sie das Volk des Alten Testaments sind und nach den Geboten Gottes leben: „Sara, von Gott auserwählt zu leiden." (S. 64)

Leroux will Sara wegschicken

---

21   Dazu siehe Kapitel 5, Materialien: Die Europäer in Südafrika. S. 111 ff.

3.2 Inhaltsangabe

Am nächsten Morgen trifft Jo seine Mutter auf der Veranda. Sara kommt mit ihrem Kuchenteller hinzu. Der Vater erscheint und zögert. Jo wünscht ihm einen guten Morgen, Sara eingeschüchtert ebenfalls. Der Vater stößt Saras Teller vom Tisch und schreit sie an. Das Mädchen beginnt hysterisch zu weinen und wird von der Mutter getröstet. Leroux setzt sich ins Auto und fährt davon. Später entdeckt Jo, dass seine Eltern erstmals die Nacht getrennt voneinander verbracht haben. In Pretoria ist dann alles wie immer. Jo rahmt für Sara die Zeichnung.

Distanz zwischen den Eltern

1948/1949: Zum Weihnachtsfest schmückt Jo zwei Weihnachtsbäume und alle freuen sich. Sara bekommt eine Puppe geschenkt. Auf dem Namensschild des Geschenks fehlt die Unterschrift der Eltern. Später befragt Jo seine Mutter, wer den Vater davon überzeugt hat, Sara nicht fortzuschicken. Diese antwortet, dass Dominee Muller und auch die „*broeder*" (S. 69) beraten haben und Sara nun christlich erzogen werden soll. Jo rekapituliert, dass Christen stets versucht hatten, Juden zum Konvertieren zu bewegen. Er denkt dabei an Martin Luther und an den *broederbond*[22], dessen Mitglied er so gerne wäre.

Sara bleibt in der Familie

EINE KALTE TASSE TEE (S. 73–95)

1948: Am Weihnachtsabend bittet die Mutter Jo zu sich und lässt ihn versprechen, über Saras jüdische Herkunft zu schweigen. **2000**: Johannes denkt an den zerbrochenen Kuchenteller und daran, dass der Vater damals Sara zum letzten Mal direkt ansprach.

Saras Herkunft soll verschwiegen werden

1949: Der Vater ignoriert Sara. An einem Sonntag kontrolliert er die Lernfortschritte seiner Kinder, nur Sara lässt er mit ihren Büchern stehen. Die Kinder lassen Sara nun ebenfalls links liegen

Frau Leroux unterstützt Sara

---

22 Geheimbund afrikaanssprachiger, protestantischer weißer Männer.

3.2 Inhaltsangabe

und das Mädchen zieht sich zurück. Frau Leroux versucht, die Demütigung auszugleichen.

Neues Südafrika: Schwarze können studieren

2000: Leroux denkt an seinen letzten Schultag und befragt Hannah nach ihrem. Sie erzählt, dass sie gerne länger die Schule besucht hätte. Jo überdenkt das letzte Gespräch mit Sara 1976: Sara nannte das Bildungssystem ungerecht und kritisierte die Rolle des Vaters als einen für diese Politik Verantwortlichen. Jo unterhält sich mit Hannah, die sich in Zukunft um ihre Enkel kümmern wird, da ihre Tochter Tandi Mpanda ein Jurastudium aufnimmt. Leroux denkt über das neue Südafrika nach. Er erblickt eine Zeichnung von sich und geht ins Wohnzimmer.

Sara befürchtet, dass Briefe abgefangen werden (S. 84)

1952: Jo studiert inzwischen Medizin in Stellenbosch, der Kaderschmiede für weiße Akademiker. Der ANC initiiert Demonstrationen in den Innenstädten der Weißen, was Jo nicht weiter interessiert. In den Semesterferien 1952 besucht Jo, der an das von der Apartheidsregierung festgelegte Gesellschaftssystem glaubt, unangemeldet seine Familie. Er entdeckt, dass die Zwillinge Kot in Saras Bett gelegt haben. Jo zwingt sie, Saras Bett zu reinigen. Sara bittet, der Mutter nichts davon zu erzählen, und wirft ihm vor, auch böse zu sein. Jo ist betroffen und zieht Parallelen zur nationalsozialistischen Judenvernichtung. Als er die Zwillinge nochmals aufsucht, erzählt Lisa, dass Sara Bettnässerin ist. Jo wundert sich nicht darüber, schreibt eine Nachricht für seine Mutter und nimmt Sara mit auf sein Zimmer.

Die Zwillinge beschmieren Saras Bett mit Kot

Sara möchte sterben

1976 gesteht Sara Jo, dass dieser Abend zu den schönsten Erinnerungen ihres Lebens gehört: Sie sei schlafend „im Himmel" (S. 91) gewesen. Jo bemerkt, dass Sara in Extremen lebt und sich zu einer schönen Frau entwickelt hat. Sara gesteht, dass sie auch für die Mutter Hass empfand und sterben wollte.

Streit zwischen Jo und seinem Vater

1952: Sara schläft in Jos Zimmer ein und dieser erwartet die Rückkehr seiner Eltern. Zuerst gerät er mit seiner Mutter in Streit,

3.2 Inhaltsangabe

dann wird er von seinen Vater geschlagen. Ein Wort gibt das andere, bis die Mutter ohnmächtig wird. Jo beschließt, am nächsten Tag nach Kleurfontein abzureisen. **2000**: Jo hört das Telefon läuten und denkt an den Streit von damals zurück.

MITTAGESSEN (S. 96–114)

2000: Jo interessiert sich für Hannahs Geburtstag und realisiert, dass auch Hannah Saras Jahrgang ist und 1952 in Kleurfontein gewesen sein muss.

1952: Jo fährt nach dem Streit mit seinen Eltern zusammen mit Sara, Nico und Anni (schwarzes Kindermädchen der Familie Leroux) nach Kleurfontein zu den Versters. Als die Leroux-Geschwister zusammen mit der dort lebenden 14-jährigen Gisela auf eine Hochzeit fahren wollen, kommt es zu einem Eklat: Gisela herrscht Sara auf Deutsch an. Die entsetzte Sara stürzt panisch aus dem Auto. Gisela bezeichnet Sara Dries gegenüber als „Judenbrut" (S. 99). Jo ist bestürzt und fordert die Gruppe auf, ohne ihn und Sara loszufahren. Er selbst macht sich auf die Suche nach Sara. Der Landarbeiter Kalie teilt ihm mit, dass sich Sara im Kraal versteckt hält.

Gisela wirft Sara aus dem Auto

2000: Jo fragt Hannah, ob sie sich als Achtjährige auf der Farm aufgehalten habe. Er denkt an die Ereignisse im Sommer **1952**: Er findet Sara im Kraal auf dem Schoß einer alten Frau. Sara fasst nach langer Zeit wieder Vertrauen zu ihm. Jo zeichnet in Saras Beisein schließlich das Bild, das heute in seiner Küche hängt.

Hannahs Großmutter gewährte Sara Schutz

2000: Hannah sagt, dass ihre Großmutter Sara sehr gemocht habe, und Jo realisiert, dass Hannahs Großmutter die alte Frau aus dem Kraal gewesen sein muss.

1952: Beim Abendbrot ist Sara appetitlos und übergibt sich. Gegen zwei Uhr hat sie starkes Fieber. Emma Verster kommt und lässt schließlich den Arzt Sam Morris zu Sara rufen, die inzwischen im

Rettung Saras durch Dr. Morris

3.2   Inhaltsangabe

Koma liegt. Nach Stunden scheint Sara endlich über den Berg zu sein. Jo informiert seine Mutter, die sofort nach Kleurfontein kommt. Morris ist an Saras Leiden sehr interessiert und verrät, dass er neben Weißen auch Schwarze behandelt. Am dritten Tag geht es Sara besser. Jo erfährt von seiner Mutter, dass Morris Jude ist.

Die Mutter bittet Jo, sich bei seinem Vater zu entschuldigen, was dieser aber bereits schriftlich getan hat. Jo vermutet, dass Saras plötzliches Fieber psychosomatisch bedingt ist – hervorgerufen durch die Demütigungen und die Bemerkung von Gisela. Gisela sucht das Gespräch mit Jo und berichtet von ihren Kriegs- und Nachkriegserlebnissen. Gisela fragt, warum Jos Familie ein jüdisches Kind adoptiert habe, Jo weicht aus.

2000: Hannah informiert Jo, dass ihn seine Schwester Greta wahrscheinlich besuchen wird. Jo bricht auf und nimmt alte Briefe mit sich.

Jo vermutet eine psychosomatische Reaktion bei Sara

NACHMITTAGSSPAZIERGANG (S. 115–148)

Saras Politisierung

2000: Mit seinem Fahrer Makatini führt Jo ein Gespräch über die Gewalt in Südafrika. Leroux sinniert, dass Sara schon **1956** in einem Aufsatz die Gewalt in den Townships thematisiert hatte, was Frau Leroux missfiel: Sie sah die Zwölfjährige von der angeblich kommunistischen Musiklehrerin Julia White indoktriniert und bat Jo, Sara zu schreiben. Jo erinnert sich nicht, ob er mit Sara gesprochen hat, aber er weiß, dass er damals Anhänger der Apartheidstheorie (S. 117) war. – Sie erreichen den Golfclub, wo Jo von dem Schwarzen Richard Mwale – einst Taschenträger für Weiße und nun selbst Golfer und Mitglied des Klubs – gegrüßt wird. Jo erinnert sich an eine Begebenheit aus den **1950er-Jahren**: Ein Inder hatte die südafrikanische Golfmeisterschaft gewonnen und da er als Farbiger das Klubhaus nicht betreten durfte, reichte man ihm seinen Pokal durch das Fenster. Jo denkt wieder an 1952 und

3.2 Inhaltsangabe

seinen Entschluss, vom Vater finanziell unabhängig zu werden, zurück.

1952: Sara bleibt vorerst bei den Versters und absolviert im Oktober 1952 erfolgreich ihre Abschlussprüfungen der Grundschule in Pretoria. Zu Weihnachten erhält Jo eine Zulassung für ein Studium an der britischen Eliteuniversität Oxford und ist durch ein Stipendium vom Vater unabhängig. Der Vater ist stolz, gratuliert und umarmt ihn. Zachariah Leroux spricht über die Regierungsarbeit und die kommenden Wahlen. Jo erzählt von seinen Plänen und bittet seinen Vater, Sara auf ein Internat zu schicken. Der Vater beendet das Gespräch abrupt. Dennoch meldet er im **Januar 1953** Sara in einem renommierten Internat an. Die Schule liegt in der Nähe von Großvater Myers Wohnort. Jo bringt Sara ins Internat und der Abschied fällt beiden schwer. Jo studiert und verbringt viel Zeit mit seinem lebenslustigen Vetter Francois und auch Sara fühlt sich im Internat wohl.

Sara besucht auf Jos Intervention ein Internat

2000: Jo setzt sich auf eine Bank und liest in alten Briefen von Sara und der Mutter. Er kommt zu dem Schluss, dass das Internat Sara damals eine neue Welt eröffnete, wobei sie wieder keine Familie hatte.

1953/1954: Sara verschweigt in den Briefen ihre Gefühle meist. Nur als ihre Freundin Belinda – durch Einmischung Großvater Myers – von der Schule verwiesen wird, regt sich Hass in ihr. In der Folge besucht sie den Großvater an den Wochenenden nicht mehr so häufig (S. 127). 1954 stirbt Großvater Myer – ein Verehrer von Paul Kruger –, was Sara nahegeht. Jo kommt zur Beerdigung und besucht Sara in der Schule. Einmal mehr erkennt er Saras Einsamkeit und erneuert sein Versprechen, sich immer um sie zu kümmern.

Ein Farbiger wird um seinen Arbeitsplatz gebracht, Sara verliert ihre Freundin

2000: Jo liest weitere Briefe. In einem vom 9. August **1956** erzählt Sara begeistert vom „Women's March" (vgl. Text S. 131 und

Marsch der Frauen

3.2 Inhaltsangabe

Erläuterung S. 15). Jo, inzwischen Student in Oxford, reist mit Francois durch Deutschland und ist über Saras Brief irritiert: Er bringt kein Verständnis für die schwarzen Frauen auf und beantwortet Saras Brief nicht. Er ist interessiert am deutschen Faschismus und versucht, mit Deutschen darüber zu reden. Er lernt in München den Psychiater Dietrich Kentner kennen, der ihm Einblicke in die Nazizeit und die Judenverfolgung gibt. Kentner findet auch die aktuellen südafrikanischen Gesetze fragwürdig und inakzeptabel. Jo interessiert sich für die Kinder in den KZs, bekommt aber nur dürftige Auskünfte. Nach diesem Gespräch verzichtet Jo auf weitere Recherchen und genießt den Rest der Reise. Im Dezember 1956 erhält er einen weiteren Brief Saras, in dem sie von zahlreichen Festnahmen berichtet. Auf diesen Brief antwortet Jo und verteidigt das Vorgehen des Staates.

Jo besucht Deutschland

Nach Jos Rückkehr trifft sich die Familie mit Freunden und Verwandten in *Meerkat*. Jo und einige Verwandte mieten eine Segeljacht. Zusammen mit Sara und dem Vater gehen sie segeln und veranstalten mit einer anderen Yacht ein Wettsegeln. Kurz vor dem Ziel geht Sara plötzlich über Bord – einen Augenblick lang denkt Jo, dass sie vom Vater gestoßen wurde. Jo bricht das Rennen ab und Dries taucht nach Sara, die am Ende bewusstlos an Bord gezogen wird. Am Abend fragt Sara Jo, warum der Vater sie so hasse (S. 142). Sie erklärt Jo zu ihrem Vater.

Sara erleidet einen Segelunfall

Sechs Monate später sehen sich Sara und Jo anlässlich der Hochzeit von Dries und Gisela wieder. Gisela bedankt sich in einer Rede bei ihrer Adoptivfamilie für die Liebe, die sie erfahren hat, und für das neue, von ihnen ermöglichte Leben. Sara stehen die Tränen in den Augen. **Drei Monate nach der Hochzeit** kommt Jo nach *Meerkat* und beobachtet Gisela, die Dries mit Francois betrügt. Schockiert verlässt er das Haus und fährt mit Klaasie zum Fischen. Am nächsten Morgen versichert ihm Francois, dass seine Affäre mit

Andries und Gisela heiraten

Gisela nichts zu bedeuten hat. Jo beschließt, als Arzt zu arbeiten und anschließend für ein Jahr nach Harvard zu gehen.

2000: Jo setzt sich im Klubhaus auf die Veranda. Er beobachtet einen Weißen an der Bar. Als Jo nicht bedient wird, geht er zu seinem Auto und hört dort ein schussähnliches Geräusch.

TEA FOR TWO (S. 149–204)

2000: Jo wird von einer schlecht gelaunten Greta erwartet, die möchte, dass er zu ihr oder Lisa zieht. Greta erwähnt die „Kartoffelgeschichte" (S. 150) und sie und Jo geraten in einen heftigen Wortwechsel. Durch diese Anspielung denkt Jo an das Jahr 1959, als Sara ihr Schulabschlussexamen machte und sich die „Kartoffelgeschichte" ereignete:

Greta zu Besuch bei Jo

1959: Zahlreiche schwarze Häftlinge müssen wie Sklaven zwangsweise auf Kartoffelfarmen im Transvaal arbeiten. Jos Mutter boykottiert auf Saras Hinweis wie andere den Kartoffelkauf, was Vater Leroux entsetzt. Im Gegensatz zu seiner Frau glaubt er den Vorwürfen nicht und vermutet gekaufte kommunistische Zeugen. Gretas Mann Bertoldus Van Rooyen muss vor dem Untersuchungsausschuss als Zeuge aussagen, weshalb seine Hochzeitsreise mit Greta und auch Lisas Hochzeitsreise abgesagt werden. Der eingesetzte Untersuchungsausschuss bestätigt die Vorwürfe gegen die Kartoffelfarmer. Vater Leroux ist wütend auf Sara und die Mutter beschließt, dass Sara das nächste Wochenende und auch die Ferien bei den Versters verbringen soll.

Zwangsarbeiter auf Kartoffelfarmen und der „Kartoffelboykott"

Auf der Fahrt sagt Sara ihrer Adoptivmutter, dass sie den Ärger bedauert und dass sie Pretoria meiden will. Frau Leroux versichert ihr ihrer Liebe und auch die des Vaters – er könne es nur nicht zeigen. Am nächsten Tag beobachtet Sara auf Versters Plantage, wie Polizisten einen dünnen, blutenden Schwarzen aus einer Kraal-Hütte schleppen, den Sara für einen geflohenen Sklavenarbeiter

Sara verhilft einem Gefangenen zur Flucht

3.2 Inhaltsangabe

hält. Sara verhilft dem Schwarzen zur Flucht und muss zusammen mit dem entsetzten Oom Verster zur Polizeiwache, wo er den Fall vertuschen möchte. Zachariah Leroux ist außer sich, als er von Saras Vergehen und der geplanten Vertuschung erfährt, er sähe Sara lieber hinter Gittern. Bertoldus Van Rooyen überredet Leroux zur Beteiligung an einem Komplott: Vor einem Magistrat soll Leroux für Saras Verhalten bürgen und so ein Jugendstrafgericht verhindern, um die Familie zu schützen und den Apartheidsgegnern keinen Angriffspunkt zu geben. Die Magistratsverhandlung, zu der auch Jo kommt, ist als reine Formalie geplant. Der Magistrat nennt Sara ein „Afrikaandermädchen" (S. 162), das einen „verständigen Vater" habe. Sara antwortete mit ruhiger Stimme: „Ich bin kein richtiges Afrikaandermädchen. Ich habe keinen Vater." (S. 162)

Sara formuliert die Analogie von Antisemitismus und Apartheid

Van Rooyen rettet die Situation und der Magistrat fordert von Sara eine Erklärung und Entschuldigung. Sara zitiert aus der Rede von Robert H. Jackson, dem amerikanischen Chefankläger der Nürnberger Prozesse (S. 163), und bittet um Entschuldigung. Sie erklärt, dass sie bei den Worten Jacksons an ihre neue Heimat Südafrika denken muss: an Deportation der Burenfrauen in die KZs und an die Schwarzen, die diskriminiert würden wie die jüdischen Menschen damals. Sie schließt mit den Worten, dass sie den Polizisten nicht hätte kratzen sollen und dass es ihr leidtut.

Jesus als „Nicht-Arier"

Der Magistrat bekommt Atemnot und erklärt den Fall für geschlossen. Jo ist beeindruckt von Sara und erschreckt über das Gesagte. Die Familien Leroux und Verster sind entsetzt. Der Vater regt sich Jo gegenüber über „schlechtes Blut" (S. 165) und die Kommunisten auf. Jo erzählte eine aus Deutschland kolportierte Geschichte: Ein Pfarrer fordert zur Nazi-Zeit in einer Kirche nicht rein arische Menschen nachdrücklich zum Verlassen des Gotteshauses auf. Da steigt Jesus vom Kreuz und verlässt die Kirche. Jo erinnert seinen Vater, dass sie zu diesem „Nicht-Arier" (S. 166) beten. Sara

3.2 Inhaltsangabe

bittet Jo, sie ins Internat zu fahren. Ängstlich wiederholt sie, dass es ihr leidtut, als Leroux plötzlich vor ihnen steht und weiter tobt. Oom Verster, der Sara ignoriert, beschwichtigt ihn.

Jo fährt die 15-Jährige nach Randfontein. Während sie auf dem Rücksitz schläft, steuert Jo aufgewühlt den Wagen und macht sich seine Gedanken. Er reduziert Saras Tun auf einen Racheversuch an dem Vater. Kurz vor Randfontein bittet Sara Jo wieder, nicht zornig auf sie zu sein. Jo weist darauf hin, dass es nicht nötig gewesen wäre, seinen Vater so zu düpieren. Jo ringt mit sich, Sara zu sagen, dass sie selbst Jüdin ist. Er überlegt, wie er sie davon überzeugen kann, dass sich Apartheid und nationalsozialistische Ideologie unterscheiden. Sie verabschieden sich voneinander. Sara hält Jo seine geistige Abhängigkeit vom Vater vor und sagt, dass Apartheid Unterdrückung der Schwarzen bedeutet (S. 169).

Jo ist verunsichert

1960: Sara absolviert die Abschlussprüfungen mit sehr guten Ergebnissen und beginnt ihr Jurastudium in Stellenbosch. Mutter Leroux schreibt Jo, dass der Vater nach wie vor von der Rassenideologie Hitlers überzeugt ist und sich von Sara gekränkt fühlt. Sie ist erleichtert, dass der Vater nicht mehr lange Saras Vormund sein wird.

Gekränkter Zachariah Leroux

2000: Greta lehnt Jos Vorhaltungen ab und kommt auf die Ereignisse in Sharpeville 1960 zu sprechen. Die aufständischen Schwarzen nennt sie „Bantu-Aufwiegler" (S. 169). Jo weist sie daraufhin, dass die Aufwiegler jetzt die Regierung bilden. Plötzlich erscheint ein aufgeregter Bertoldus Van Rooyen und berichtet von einer Schießerei im Golfklub, fürchtet schlechte Publicity für sein Land und äußert Verständnis für den weißen Schützen. Jo vermeidet eine politische Diskussion. Bertoldus und Greta verlassen Jo, der seinen Gedanken nachhängt. Er realisiert, dass er wegen seines Harvard-Aufenthalts in den USA wichtige und Südafrika prägende Ereignisse nicht miterlebt hat. Er denkt an das Untertauchen Nelson

1960: Massaker von Sharpeville

3.2 Inhaltsangabe

Mandelas nach dem Hochverratsprozess[23], an die Abspaltung des PAC[24] vom ANC **1959** und an die vom PAC initiierte und organisierte landesweite Demonstration gegen die Passgesetze im **März 1960**, in deren Verlauf in Sharpeville nahezu 70 Menschen erschossen wurden. Der Ausnahmezustand wurde verhängt, Oppositionelle verfolgt und verhaftet. PAC und ANC wurden verboten.

Jo verteidigt die Apartheid und hat eine Affäre mit der Rassistin Sophia

1959/60: Die Mutter legt den Briefen an Jo Zeitungsausschnitte der afrikaansprachigen Presse bei, deren Meinung auch Jo teilt: Er betrachtet Bantus als minderwertig und Saras politische Einstellung wertet er als die eines unwissenden Kindes. Jo studiert in Harvard, tritt patriotisch auf und verteidigt sein Land gegen Kritik. Eine Kommilitonin fragt entrüstet, ob man in Auschwitz gewesen sein muss, um den organisierten Massenmord verstehen zu können (S. 174). Ein Tumult bricht los. Jo bekommt nach der Veranstaltung Unterstützung von der attraktiven Südstaatlerin Sophia Lister, die sich als klare Rassistin zu erkennen gibt. Jo schränkt ein, dass es in Südafrika mehr Bantus als Weiße gibt und dass die Europäer sich das Land der Bantus angeeignet haben. Lister argumentiert mit der nach Darwin stärkeren Gattung[25] und lädt Jo zu einem Kaffee ein. Dies ist der Beginn einer triebgesteuerten Affäre.

Jo rät Sara zur Zurückhaltung

Jo schreibt von seinem patriotischen Auftreten nach Hause und auch an Sara. Während er von seiner Familie gelobt wird, reagiert Sara mit liebevollem Spott und Anspielungen auf die Zensur, die die kommunistischen Klassiker und Erotika wie *Fuchs' Sittengeschichte* verbietet. Dies verunsichert Jo, der die Zensurmaßnahmen vor sei-

---

23 1960 wurde Mandela verhaftet und im Zuge des Hochverratsprozesses 1961 jedoch freigesprochen. Nach seiner Entlassung tauchte er umgehend unter.
24 Pan African Congress, Konkurrenzorganisation des ANC.
25 Dies ist eine sozialdarwinistische Position. Sozialdarwinismus: Eine von Herbert Spencer entwickelte soziologische Theorie, die darwinistische Prinzipien auf die menschliche Gesellschaft überträgt. Soziale Ungleichheit oder Diskriminierung bestimmter Bevölkerungsgruppen ist demnach naturgegeben (*survival of the fittest*).

3.2 Inhaltsangabe

nen kritischen Kommilitonen verteidigen muss, die ihn außerdem
auf eine bevorstehende Bücherverbrennung ansprechen und auf
das Beischlafverbot für Menschen unterschiedlicher Rassen. Jo
fühlt sich unbehaglich, gibt sich aber nach wie vor entschieden patriotisch. Er lenkt sich mit Sophia Lister im Bett ab. In einem Brief
klärt Jo Sara über den erotischen Inhalt von *Fuchs' Sittengeschichte*
auf, rät ihr zur Zurückhaltung und später ins Ausland zu gehen. Sie
antwortet mit der Frage, ob sie „nicht auch an die Zukunft von Millionen Schwarzer" (S. 177) denken dürfe. Im Folgebrief berichtet
sie Jo über ihr Jurastudium, das sie nutzen wolle zur Änderung der
in ihren Augen ungerechten Gesetze. Die Mutter schreibt Jo, dass
der Vater anlässlich des 31. Mais 1961[26] ein Fest plant.

1961: Jo verabschiedet sich von Sophia, die sich schnell mit einem anderen Studenten tröstet, und kehrt nach Südafrika zurück.
Beim ersten Abendessen zu Hause dominiert Jos Vater das Gespräch: Er berichtet von den politischen Veränderungen, die Maßnahmen gegen die Untergrundparteien und dass nach Mandela
gefahndet wird. Über Sara sprechen sie nicht. Nach dem Essen
erkundigte sich Jo bei der Mutter nach Sara. Diese berichtet lediglich, dass Sara sehr gute Leistungen an der Universität zeigt. Jo will
ein Treffen mit Sara arrangieren, zunächst kümmert er sich aber
um seinen weiteren Werdegang: An der Universität Kapstadt stürzt
er sich ins Studium der Biochemie, im Kapstädter Groot-Schuur-
Krankenhaus arbeitet er als Arzt.

Fahndung nach Nelson Mandela

2000: Jo hört Hannah in der Küche mit seinem Bruder Nico tele-
fonieren. Anschließend befragt er sie nach dem Jahr von Mandelas
Festnahme. Hannah antwortet, dass Mandela im Jahr 1963[27] ver-

Mandelas Verhaftung

---

26 Südafrika tritt aus dem Commonwealth aus und wird „Republic of South Africa". Es entzieht sich
    damit dem Einfluss Großbritanniens, von dem es wegen seiner Rassenpolitik scharf kritisiert
    wurde.
27 Mandela wurde 1962 verhaftet. Auf Seite 203 nennt Weiss im Roman das korrekte Jahr, auf Seite
    181 wird fälschlicherweise 1963 genannt.

raten und festgenommen wurde. Jo geht mit den Briefen in den Garten und denkt über seinen Aufenthalt in Johannesburg Ende 1961 nach.

1961: Jo hält sich kurzzeitig in Johannesburg auf und am zweiten Abend steht überraschend Sara vor der Tür, die inzwischen in Johannesburg studiert. Jo fällt auf, wie hübsch sie geworden ist. Sie unterhalten sich über Jos Frauenbekanntschaften und Jo erzählt von der deutschen Psychoanalytikerin Christiane Petersen, mit der er u. a. über den Nationalsozialismus gesprochen hat (S. 184). Schließlich drängt Sara zum Aufbruch auf eine Feier. Jo spürt Begehren und befragt Sara nach ihrem Universitätswechsel. Auf der Fahrt erzählt sie, dass sie erstmals wahre Freunde habe, vor denen sie sich nicht verstellen müsse. Sara kennt sich in der nächtlichen Stadt gut aus und Jo hat gewisse Befürchtungen, die sich zu bestätigen scheinen, als sie zu einem hell erleuchteten Haus gelangen, aus dem afrikanische Jazzmusik tönt. Sie werden von Patsy Heller, Ehefrau des Künstlers Bertram Heller und selbst Bildhauerin, begrüßt. Jo schaut sich um und sieht eine Weiße mit einem Schwarzen tanzen. Erschrocken nimmt er zur Kenntnis, dass die Fete gemischtrassig ist und dass er sich auf verbotenem Terrain befindet. Die Hausherrin stellt Jo den Gästen vor, die eine Art Elite der Apartheidsgegner darstellen, und auch den Journalisten Adam Simunya, der als Schwarzer Alkohol trinkt. Jo ist unangenehm berührt, da eigentlich alles hier „illegal" (S. 190) ist. Sara und Jo tanzen und wieder stellt Jo fest, dass er Sara begehrt.

Auf der Veranda entzieht sich Sara Jos Kuss. Sie befragt ihn nach seiner Haltung zu dieser gemischtrassigen Party. Schließlich kommt das Gespräch auf das Verhalten des Vaters, der Saras Briefe nicht beantwortet und auch kein klärendes Gespräch mit ihr will. Sara berichtet, dass sie seine Anerkennung nicht mehr sucht. Sie kommt auf das Unrecht der Apartheid zu sprechen, ebenso wie auf

Jo begleitet Sara auf eine gemischtrassige Party

Jo will Sara küssen

3.2   Inhaltsangabe

den Burenkrieg und die Nazizeit. Dann sucht sie nach der Gastge-
berin. Jo versucht, seine Gefühle zu kontrollieren, und überlegt, ob
Sara wissen muss, dass sie weder Deutsche noch Afrikaanderin,
sondern Jüdin ist. Er durchquert den Garten der Hellers und geht
auf eine erleuchtete Scheune zu, bei der abrupt ein Vorhang zu-
gezogen wird, nachdem er vorher noch einen Blick hineinwerfen
konnte. Auf der Veranda empfängt ihn Patsy. Anschließend sucht
sie vorgeblich nach Sara, von der Jo weiß, dass sie zusammen mit
Bertram Heller und Nelson Mandela, den er nur aus der Zeitung
kennt, in der Scheune ist. Schließlich kehrt Sara zu Jo zurück und
sie verlassen ohne Verabschiedung das Fest.

Auf der Fahrt befragt Sara Jo nach ihren Freunden und Jo gibt   Streit mit Sara
sein Unbehagen preis. Sara erzählt von Simunya und Patsy und
kritisiert die Gesellschaft in Südafrika. Jo rät Sara, sich von den
Hellers fernzuhalten. Zornig antwortet Sara, dass sie den Entzug
von Bürgerrechten für gefährlich hält. Sie geraten in Streit und mit
den Worten, dass sie sich nicht einig sind und dass sie ihn trotzdem
mag, verabschiedet sich Sara vor der Haustür von Jo. In der Nacht
schläft Jo nicht. Am Morgen hört er im Radio zu seiner großen Über-   Nelson Mandela
raschung über einen illegalen Sender Nelson Mandela sprechen.   spricht im Radio
Jo ist emotional aufgewühlt, schickt Patsy und Sara Blumen und
fährt mit dem Zug nach Kapstadt. Er ist überzeugt, dass Sara mit
gefährlichen Personen befreundet ist. Als Jo auch in Kapstadt nicht
zur Ruhe kommt, fährt er nach Boomslang und mit Klaasie zum
Fischen.

2000: Jo findet einen Brief seiner Mutter, in der die Ereignisse
im Jahr 1960 erklärt werden.

1960: Zachariah Leroux besucht in seiner Eigenschaft als Staats-   1960: Sara
sekretär die Universität Stellenbosch anlässlich einer Preisverlei-   blamiert ihren
hung und übergibt dort auch an Sara Preise für ihre herausragenden   Adoptivvater
Leistungen. Als der Rektor erklärt, dass Sara auch den ersten Preis

3.2 Inhaltsangabe

bei einem landesweiten Erstsemesterwettbewerb erzielt habe, bestreitet Sara dies mit dem Argument, sie könne nicht landesweit die Beste sein, wenn bei den Wettbewerben die Studenten der schwarzen Universitäten ausgeschlossen seien. Es kommt zu Unruhen im Publikum, Vater Leroux entschuldigt sich für Sara, die umgehend in ein Hinterzimmer gebracht wird. Nach diesem Vorfall wechselt sie an die Universität in Johannesburg. Derweil reagiert der Staat erbarmungslos auf die zahlreichen Oppositionsbewegungen, unter denen sich viele junge Weiße befinden – auch Saras Freunde.

2000: Jo fragt Hannah, ob ihr Mann über Politik gesprochen habe, und Hannah erzählt, dass ihr Mann im ANC gewesen sei. Jo erinnert sich an Mandela, seine Verhaftung 1962 und Verurteilung und den Rivonia-Prozess 1963.

ABENDESSEN (S. 205–256)

2000: Jo findet in seinem Garten keine Ruhe. Im Haus sucht er ein Buch von Adam Simunya hervor. Bei der Lektüre fällt Jo auf, wie wenig aggressiv Simunya geschrieben hat. Seine Gedanken gehen zurück ins Jahr 1965:

1965: Unverhoffter Besuch Giselas in Kapstadt

1965: Jo hat seine Doktorarbeit abgeschlossen und arbeitet bereits an der Uni; Sara, für die er immer noch große Gefühle hat, befindet sich im letzten Studienjahr.

Als Jo eines Abends in seine Wohnung kommt, erwartet ihn zu seiner Überraschung Gisela und er erschrickt über ihr schlechtes Aussehen. Wegen ihrer ungewollten Kinderlosigkeit möchte Gisela in Kapstadt einen Gynäkologen aufsuchen. Sie unterhalten sich über Dries, die angespannte wirtschaftliche Situation auf der Farm und Jo erwähnt die Möglichkeit einer Adoption. Gisela schweigt dazu und kümmert sich um das Abendessen. Jo fühlt sich in Giselas Gegenwart unwohl und entschließt sich, nach dem Abendessen nach Boomslang zu fahren.

3.2 Inhaltsangabe

Auf dem Weg zum Ferienhaus trifft er auf Klaasie, der ihm rät, wegen der Geheimpolizei nicht in *Meerkat* zu bleiben. An Sara denkend fährt er zum Haus, das er aber leer vorfindet. Er sucht telefonisch nach Sara und ist erleichtert, nachdem er mit seiner Mutter telefoniert hat: Er vermutet nun, dass Sara von ihrer Gefährdung weiß. Jo fährt zurück an die Uni, nur um am nächsten Tag beunruhigt wieder nach *Meerkat* zu fahren, wo er um Mitternacht eintrifft. Im Augenblick seines Ankommens stürmt die Polizei das Haus. Ein Polizist klärt den festgenommenen Jo darüber auf, dass der *Immorality Act* im Haus verletzt werde, und Jo weiß, dass es sich um Sara handelt. Eine Polizistin führt schließlich Sara in ein Männerhemd gekleidet und am Kopf blutend heraus, gefolgt von Adam Simunya, der geschlagen und getreten wird.

Razzia in *Meerkat*

Jo greift die Schläger an und Sara ruft Simunya zu, dass er am Steg mit einem Boot flüchten soll. Simunya erreicht das Boot, erkennt aber seine ausweglose Situation und hebt die Hände. In diesem Augenblick trifft ihn ein Schuss ins Herz und Simunya ist sofort tot. Jo bringt Sara ins Haus und teilt dem Polizisten mit, dass er den Totenschein ausstellen werde, um ein Vertuschen des Mordes zu verhindern. Die Polizei sichert Beweismaterial im Haus. Am Morgen sucht Jo Klaasie auf, von dem er erfährt, dass die Polizei das Haus überwacht habe. Als er zurück ins Haus kommt, wird Sara von der Polizei verhaftet. Jo verspricht Sara, für ihre Verteidigung zu sorgen.

Simunya wird erschossen und Sara verhaftet

2000: Hannah reißt Jo kurz aus seinen Gedanken, ehe er wieder an Saras Verhaftung denken muss.

1965: Jo engagiert für Sara den Rechtsanwalt John Hill. Außerdem kontaktiert Jo Dr. Morris, den er „als Jude[n]" (S. 223) um Hilfe für Sara bittet. Jo erzählt Saras Geschichte und Morris, der erst zurückhaltend und eisig reagiert, ist entsetzt über den Antisemi-

Jo bittet Dr. Morris um Hilfe

3.2 Inhaltsangabe

tismus,[28] den Sara erfahren hat, und will sich schließlich kümmern. Jo reist zurück nach Kapstadt.

Polizeiattacken bei der Beisetzung Adam Simunyas

Sara sitzt derweil in Isolationshaft. Bei der Beisetzung von Adam Simunya in Orlando kommt es zu Ausschreitungen und Verhaftungen, wie eine Londoner Zeitung berichtet.[29] Als die Trauergemeinde am Grab das Lied des ANC *Gott segne Afrika* singt, werden sie von der Polizei auseinandergetrieben. Jo wird von Dr. Morris angerufen, der Jo die Informationen verschlüsselt mitteilt, da er befürchtet, dass sie abgehört werden. Von dem jungen Kapstädter Rechtsanwalt John Hill erfährt Jo, dass Sara des Hochverrats und wegen des Verstoßes gegen den *Immorality Act* angeklagt werden soll. Hill teilt ihm mit, dass der bekannte Anwalt Alan Richmann – auf Betreiben Morris' – Sara verteidigen wird und Hill dabei assistiert. Von seiner Mutter erfährt Jo, dass der Vater als Zeuge auftreten wird.

Zachariah Leroux sagt gegen Sara aus

Am ersten Verhandlungstag ist der Gerichtssaal überfüllt. Jo verfolgt neben seiner Mutter das Geschehen. Er erblickt Dr. Morris, der neben dem Vertreter der Vereinigung der südafrikanischen Juden sitzt. Sara, deren Anblick Jo erschreckt, wird hereingeführt und der Vater als erster Zeuge vernommen. Zachariah Leroux erzählt von seinem schlechten Verhältnis zu seiner Adoptivtochter, ihrer falschen politischen Einstellung und von ihrer „kommunistischen Bemerkung" in Stellenbosch. Richter Van den Vyfer weist Leroux darauf hin, dass das Gericht Tatsachen erwartet und keine Meinungen. Leroux kontert mit der Tatsache, dass er in seinem Ferienhaus eine Publikation einer illegalen Organisation gefunden habe. Der Vater gibt zu, dass er von dem intimen Treffen von Sara mit einem

---

28 Morris erzählt von dem Antisemitismus gegen Juden und dass die Briten die Juden nach dem Krieg nicht nach Palästina gelassen hätten. Palästina stand zu dieser Zeit unter britischer Verwaltung. Diese lehnte eine Einwanderung von Juden ab und richtete ab November 1945 eine Seeblockade vor der Küste Palästinas ein, womit eine Anlandung der Flüchtlingsschiffe verhindert wurde.

29 Jo liest im Jahr 2000 diesen Zeitungsausschnitt.

3.2 Inhaltsangabe

Bantu erfahren habe und das bei der Polizei angezeigt hat. Jo und seine Mutter sind über diesen Verrat entsetzt (S. 231). Anschließend befragt Saras Verteidiger Richmann den Vater und drängt ihn zuzugeben, dass Sara Jüdin und keine deutsche Kriegswaise ist. Als Sara das hört, springt sie schreiend auf. Der Richter vertagt die Verhandlung.

Leroux geht mit einer bittenden Geste im Gerichtsflur auf Jo und die Mutter zu. Jo will seinen Vater angehen, wird jedoch von der Mutter weggeschickt. Jo geht zum Hafen. Nachdem er sich beruhigt hat, ruft er John Hill an, von dem er erfährt, dass Sara zusammengebrochen ist und die Verhandlung erst in zwei Tagen fortgesetzt wird. Jo geht zu seiner Wohnung, wo er seine völlig neben sich stehende Mutter vorfindet. Jo erkennt, dass Sara seine Eltern entzweit hat, und hofft auf einen Freispruch für Sara. Die Mutter bittet, bei Jo bleiben zu können. Jo denkt mit Unbehagen an die damals getroffene Vereinbarung mit der Mutter, über Saras Herkunft zu schweigen. Nach dem Essen ruft Sam Morris an und kündigt seinen Besuch an. Morris erzählt nach seinem Eintreffen, dass es Sara besser geht. Anschließend spricht er mit Frau Leroux unter vier Augen. Als ihn Jo schließlich zu seinem Wagen begleitet, nennt Morris Frau Leroux „eine Frau mit Herz" (S. 238) ohne Ahnung von Politik.

2000: Jo blättert durch die Akte und erinnert sich.

1965: Der Prozess wird fortgesetzt, Beweismittel werden vorgelegt und der Kronzeuge Lester Bennet vernommen, der zusammen mit Sara und Adam einer konspirativen Zelle angehört haben soll, die Sabotageakte geplant habe. Staatsanwalt Ross will von Bennet wissen, wann sich die Gruppe zur Planung der Sprengung eines Leitungsmastes getroffen habe. Bennet benennt den 11. März 1962, von 23.00 Uhr bis 2.00 Uhr, in der Wohnung der Angeklagten (S. 240). Richmann weist Bennet in seiner Befragung darauf hin, dass sich Sara zum fraglichen Zeitpunkt am Kap befunden habe,

Sara erfährt, dass sie Jüdin ist

Erleichterte Sara

Kronzeuge Bennet belastet Sara

3.2 Inhaltsangabe

Sara und Adam: kein Verstoß gegen den *Immorality Act*

und übergibt dem Richter das Gästebuch aus dem Ferienhaus. Erst am letzten Tag der Staatsanwaltschaft werden die Ereignisse im Ferienhaus behandelt. Sergeant Booysen berichtet von dem Eindringen seiner Leute in das Haus und dass sie Sara und Adam in zwei verschiedenen Zimmern vorgefunden haben und kein sexueller Akt nachgewiesen werden konnte. Booysen führt weiter aus, dass die Umstände von Simunyas Erschießung intern geprüft und für rechtens befunden wurden.

Aussage einer KZ-Überlebenden: Sara erfährt von den Umständen ihrer Geburt

Bei der Fortsetzung des Prozesses bittet Verteidiger Richmann eine gesundheitlich angeschlagene Frau in den Zeugenstand. Richmann befragt Hadassa Elron, die eigentlich Rivka Eckstein heißt, aus Polen stammt und eine Überlebende der Shoah[30] ist. Die Frau erzählt von ihrer Internierung und von einer deutschen Jüdin, die schwanger ins KZ gebracht wurde. Die Frauen hätten die Schwangerschaft und Geburt verheimlicht und sich nach dem Tod der Mutter um das neugeborene Mädchen gekümmert. Das Publikum im Saal ist schockiert und Van den Vyfer ermahnt Richmann. Der stellt noch zwei weitere Fragen: Was mit dem Kind nach der Befreiung geschehen sei und wie es geheißen habe. Die Zeugin sagt aus, dass das Mädchen einem Sanitäter übergeben wurde und Sara Lehmann geheißen habe. Sara stürzt, wird sofort von einer Krankenschwester betreut und die Zeugin hinausgeführt. Schließlich ruft Sam Morris Frau Leroux zu sich und Van den Vyfer beendet die Verhandlung.

Gespräch mit Hadassa Elron

Endlich kommt die Mutter zu Jo und berichtet vom Zusammenbruch Saras. Immer wieder hätte sie gefragt, warum die Familie über ihre Herkunft geschwiegen habe. Sara habe auch gefragt, ob der Vater sie wegen ihres jüdischen Glaubens gehasst habe, was die Mutter verneinte. Sie entschuldigt sein Verhalten mit „seiner

---

30 Shoah: jüdische Bezeichnung für die Massenmorde der NS-Zeit.

3.2   Inhaltsangabe

Pflicht" (S. 247). Dann sucht die Mutter Frau Elron auf, um ihr für Saras Rettung zu danken.

Als der Prozess fortgesetzt wird, präsentiert Richmann mit Kurt Eissen, den ehemaligen Leiter des Wiesbadener Kinderheims, einen weiteren Zeugen. Eissen erklärt, dass in seinen Augen die Adoption für Sara das Beste gewesen sei. Abgesehen davon habe er nicht gewusst, dass es in Südafrika Antisemitismus gebe. Richmann merkt an, dass nicht jeder Südafrikaner Antisemit und Antisemitismus ein internationales Phänomen sei.

Am letzten Verhandlungstag hat Jo eine Unterredung mit Richmann. Dieser warnt Jo versteckt vor dem Geheimdienst BOSS und gibt ihm zu verstehen, dass Sara nach einer Freilassung sofort außer Landes gebracht werden muss.

Warnung vor BOSS

Am Tag der Urteilsverkündung bringt Jo Dr. Morris einen für Sara gepackten Koffer und eine Handtasche, in der sich ihr Pass und Geld befindet. Van den Vyfer spricht Sara vom Verstoß gegen den *Immorality Act* frei, ebenso von dem Vorwurf der geplanten Sprengung eines Leitungsmastes. Schuldig spricht er sie wegen Mitgliedschaft in einer illegalen Organisation. Dabei führt er aus, dass diese Mitgliedschaft durch das Verhalten Zachariah Leroux' ausgelöst wurde, und lässt mildernde Umstände walten. Dies in Kombination mit der sechsmonatigen Untersuchungshaft führt zum Freispruch Saras.

Saras Freispruch

Das Publikum reagiert stürmisch. In einem Nebenzimmer bedankt sich Sara bei ihrer Mutter, Jo und ihren Helfern. Zusammen laufen Jo, Sara und Dr. Morris zu einem Seitenausgang, wo Jos Wagen bereitsteht. Jo und Sara fahren los. Jo hat für Sara zwei Flüge gebucht, doch Sara hat andere Pläne und bittet Jo, auf die Halbinsel zu fahren. Immer wieder schaut sich Sara nach Verfolgern um. Als vor ihnen ein Lastwagen erscheint, bittet Sara Jo, diesen zu überholen und dann die Geschwindigkeit zu drosseln.

Sara flieht vor BOSS

3.2 Inhaltsangabe

Jo befolgt die Anweisungen und gibt dem Fahrer Handzeichen. Jos Wagen und der LKW halten an. Sara steigt aus dem Wagen und verschwindet.

ENDE DES TAGES (S. 257–287)

2000: Jo schlägt die Gerichtsakte zu und geht mit Saras Briefen in sein Schlafzimmer. Seine Gedanken wandern in die Vergangenheit.

1965: Frau Leroux bleibt noch mehrere Wochen bei Jo. Zachariah Leroux ruft täglich an und durch ihn erfahren Jo und die Mutter, dass die Fahndung nach Sara eingestellt wurde. Auch die Hellers sind nicht mehr im Land. Einer von Saras Bekannten wurde unter Hausarrest gestellt, andere wurden zu mehrjährigen Haftstrafen verurteilt. Bei einem dieser Anrufe lässt sich Leroux über Sara und die Liberalen aus und äußert sich erleichtert über Saras Verschwinden. Jo ist fassungslos und erkennt gleichzeitig die Verunsicherung des Vaters. Der Vater bittet Jo, die Mutter zur Rückkehr nach Pretoria zu bewegen. Zu Jos Überraschung sagt er, dass er und Nico sie brauchen. Von seiner Mutter erfährt Jo, dass der Vater durch einen persönlich abgegebenen Brief die 1948 von Jo angefertigte Zeichnung von Sara und dem Vater erhalten hat: allerdings hatte Sara einen Dolch in eine der Hände Leroux' gemalt.

Frau Leroux kehrt schließlich wegen Nico zu ihrem Mann zurück: „Ob die Ehe so blieb wie früher, weiß ich nicht [...]." (S. 260) In der Folge werden die Eltern mehrfach Großeltern. Nico bereitet seinen Eltern zunächst Probleme und arbeitet später im Kruger-Nationalpark, wo sein Ehrgeiz geweckt wird. Er besucht schließlich noch die Universität und geht nach seinem Examen in die Verwaltung.

Zwei Wochen nach Saras Flucht steckt ein Schwarzer Jo einen Zettel Saras zu, auf dem zu lesen ist, dass es ihr gutgehe und dass sie ihm danke. Jo leidet sehr unter Saras Verlust und stürzt sich

Saras gelungene Flucht: sie rächt sich mit einer Zeichnung

Sorgenkind Nico

Lebenszeichen von Sara

3.2 Inhaltsangabe

in seine Forschungen. Gelegentlich bekommt er Briefe von ihr. Jo nimmt eine Stelle in Pretoria an, wo er das Haus kauft, das er nun im Jahr 2000 an eine schwarze Familie verkauft hat.

1973: Jo besucht eine wissenschaftliche Konferenz in Oxford und besucht die Veranstaltung einer südafrikanischen Befreiungsbewegung. Der Abend beginnt mit einem Referat über Steve Biko, einer „leuchtende[n] Führerfigur" (S. 264) der schwarzen Bewegung. Am Ende seines Vortrags kündigt der Redner als Ehrengast Sara Lehmann an. Es ist Sara, die ihren Mädchennamen angenommen hat, und Jo ist hingerissen von ihr. In ihrer Rede verzichtet Sara auf Parolen, stattdessen appelliert sie, Waren aus Südafrika zu boykottieren und die Regierungen zu Sanktionen gegen Südafrika zu bewegen. Der Redner ergreift erneut das Wort und zitiert Biko, der die Schwarzen zur Einigkeit und zum Kampf aufruft. Währenddessen geht Sara zu Jo. Zusammen gehen sie in Jos Hotel. Dort berichtet Sara, dass sie nun die deutsche Staatsbürgerschaft besitzt, sich aber als Südafrikanerin fühlt, und erzählt von den Umständen ihrer gelungenen Flucht.

> Sara und Jo begegnen sich in Oxford

Während sie erzählt, fragt sich Jo, ob wohl alles von Morris organisiert und finanziert worden war. Sara berichtet von ihrem Aufenthalt in Deutschland und ihren Nachforschungen nach ihrer Mutter und Verwandten; es hat jedoch keiner überlebt. Sie schildert eine Begegnung mit einer Frau in einem Café: Sara wurde während des Gesprächs mit dieser Deutschen klar, dass außer den Verfolgten jeder von den Nazis profitiert hatte und dass sich alle gegenseitig entschuldigen. Sie prophezeit Jo, dass es auch in Südafrika eine Zeit geben wird, in der angeblich niemand für die Apartheid gewesen war – außer Zachariah Leroux (S. 271). Sie befragt Jo nach seiner Gesinnung, der ihr antwortet, dass die Apartheid vermutlich auch eine Krankheit ist. Sara erzählt von ihrem Besuch in Israel und dass sie sich dort fremd gefühlt habe.

> Jo distanziert sich von der Apartheid

3.2 Inhaltsangabe

Nelson Mandela 1994 im Rahmen einer Wahlkampfreise für den ANC. Insgesamt 27 Jahre war der Aktivist gegen die Apartheid inhaftiert.
© picture-alliance/dpa

Jo kämpft mit seinen Gefühlen für Sara, während sie weiter von ihren Aufenthalten in Afrika erzählt und dass sie in Südafrika unerwünscht sei. Beide geben zu, den Partner fürs Leben nicht gefunden zu haben. Sara wählt im Radio ein Konzert des Violinvirtuosen Yehudi Menuhin, das sie gemeinsam anhören. Nach dem Konzert bedauert Sara, dass ihr Untergrundsender „Radio Brüderlichkeit" nie Musik habe senden können. Jo realisiert, dass das 1961 ausgestrahlte Interview mit Mandela von Sara gesendet worden war. Sara klärt ihn auf, dass Mandela ihr diese Bandaufnahme damals bei den Hellers übergeben hatte. Sie, Simunya und Bennet hätten den illegalen Sender gemeinsam betrieben.

3.2 Inhaltsangabe

Plötzlich stellt Sara fest, dass sie den letzten Zug nach London verpasst hat. Jo bietet ihr sein Bett an. Dann kann er seine Gefühle nicht mehr kontrollieren und sagt ihr, dass er sie liebt. Sara erwidert, dass auch sie ihn liebhabe, und verschwindet im Badezimmer. Jo organisiert eine Zahnbürste und sich ein Zimmer im Dachgeschoss. Sie trinken gemeinsam einen Cognac. Bevor er sich zurückzieht, gibt ihm Sara einen schwesterlichen Kuss. Als Jo sie am nächsten Morgen zum Frühstück abholen will, ist sie bereits abgereist.

In den folgenden Jahren kommt Jo beruflich voran. Von Sara hört er wieder im **Dezember 1975**. Sie will ihn anlässlich seines Geburtstags am 3. Januar am südrhodesischen Kariba-Stausee treffen. Trotz der instabilen politischen Lage in Rhodesien fliegt Jo am **1. Januar 1976** nach Rhodesien und mietet sich in einem Hotel in Kariba ein. Am 2. Januar kehrt er erst kurz vor dem Abendessen ins Hotel zurück, wo er bereits von Sara erwartet wird. Jo ist außer sich vor Freude und gemeinsam gehen sie zum Essen. Natürlich reden sie über Politik und Sara zeigt erstaunliches Wissen über die Bildung und die Meinung der Schwarzen in Afrika. Nach dem Essen gehen Sara und Jo eng umschlungen an den See. Sara schlägt vor, Kaffee und Cognac im Zimmer zu trinken. Dort setzen sie sich auf die Veranda und Sara holt eine kleine Kerze hervor. Diese will sie zu Ehren ihrer Mutter anzünden. Tränen steigen ihr in die Augen. In dieser Nacht schlafen beide miteinander und Sara gesteht Jo, dass ihr in Oxford klar geworden war, dass sie ihn nicht als Bruder liebt. Beide verbringen Jos Geburtstag auf der Insel. Am Nachmittag kehren sie ins Hotel zurück, wo Jo den Hocker kauft, den er 24 Jahre später[31] wieder in Händen hält. Erneut verbringen sie die Nacht miteinander. Am nächsten Tag ist Sara fort.

Sara und Jo treffen sich in Rhodesien: sie werden ein Paar

---

31 Vgl. Beginn des Romans S. 7. Hier wird der Kariba-Urlaub in die „60er-Jahre" gelegt, während der Kauf des Hockers tatsächlich 1976 erfolgte.

3.2 Inhaltsangabe

Aufstand in Soweto

Am **16. Juni 1976** kommt es in Soweto (Zusammenschluss zahlreicher Townshipsiedlungen im Südwesten von Johannesburg) zum Aufstand. Wie von Sara in Rhodesien prophezeit, demonstrieren die Schulkinder gegen Afrikaans als Unterrichtssprache. 20.000 Jugendliche gehen auf die Straße, wo auf sie geschossen wird (vgl. Kapitel 2.2). Die Schwarzen antworten mit Steinen, Handgranaten und Molotowcocktails. Immer mehr Menschen sterben. Darunter sind zwei Insassen eines von Polizisten beschossenen Wagens. Einer ist ein schwarzer, nach Südafrika zurückgekehrter Exilant. Die zweite Leiche ist die einer nicht identifizierten weißen Frau. Der Aufstand erfasst auch Johannesburg selbst: Dort kommt am 17. Juni Zachariah Leroux ums Leben. Schwarze Demonstranten kippen seinen Wagen um und eine Scherbe durchtrennt seine Halsschlagader. Jo identifiziert seinen Vater im Krankenaus in der Abteilung für weiße Leichen, wo insgesamt drei Tote liegen, darunter die unbekannte Frau. Jo bittet, die tote Frau sehen zu dürfen. Man zeigt ihm die Tote: Es ist Sara, der ins Herz geschossen worden war. Jo nimmt Abschied von ihr, die im Tod mit dem Vater vereint ist.

Im Südafrika des Jahres **2000** löscht Jo das Licht im Schlafzimmer.

3.3 Aufbau

ZUSAMMEN-
FASSUNG

Als strukturbildendes Element hat Weiss eine Rahmenerzählung mit Binnenerzählung gewählt.

→ **Rahmenerzählung**: Ein Tag im Leben des Johannes
Leroux im Südafrika des Jahres 2000.
→ **Binnenerzählung**: Sie umfasst die sich in Südafrika
vollziehenden historischen Ereignisse während der
Apartheid (Marsch der Frauen am 9. August 1956, die
Massaker von Sharpeville am 21.3.1960 und der Aufstand
von Soweto am 16.6.1976) als auch die Geschichte der
Familie Leroux und Sara Lehmanns.

Verknüpft werden Rahmen- und Binnenerzählung durch Dialoge sowie Erinnerungen des Ich-Erzählers Jo Leroux.

Die von Ruth Weiss in *Meine Schwester Sara* gewählte Erzählform
ist die der Rahmenerzählung. Bei der Rahmenerzählung wird eine fiktive Erzählsituation dargestellt. In sie eingearbeitet ist eine
Binnenerzählung.

Definition und
Wirkung

Das Fundament für Logik und Wirksamkeit der Rahmenerzählung ist die Korrespondenz zwischen Rahmen- und Binnenerzählung, die nur durch eine gelungene Verknüpfung des Erzählten gelingt. Dabei erscheint der Rahmen häufig nur als Klammer.
Gleichwohl erfüllt er erzählerische Funktionen, so kann er zum Beispiel spannungsfördernd wirken durch den zeitlichen Kontrast Gegenwart–Vergangenheit oder durch den Wechsel der Erzählstile
und Erzählperspektive. Die jeweiligen erzählperspektivischen Va-
rianten schaffen außerdem ein Moment der Distanz zwischen dem

3.3 Aufbau

Erzählten der Binnenhandlung und dem Leser, der dadurch in die Lage versetzt wird, reflektierend zu lesen.

Rahmenerzählung: Ein Tag im Leben von Jo Leroux

Ein Tag im Leben von Johannes Leroux[32] im Afrika des Jahres 2000 bildet die Rahmenerzählung des Romans. An diesem Tag bereitet Leroux seinen Umzug in das Fischerdorf Boomslang vor, wobei er ein Bild Sara Lehmanns findet:

> „Zuerst übersah ich es, das kleine Bild. Ein Familienbild wie so viele. Legte es beiseite, zu den bereits aufgehäuften Bildern und anderen Papieren, die auf dem dreibeinigen Hocker lagen." (S. 7)

Im Verlauf des zweiten Kapitels wird das Motiv des Bildes wieder aufgegriffen und mit Sara verknüpft. Gleichzeitig wird eine Verbindung zwischen Sara und dem Ich-Erzähler angedeutet:

> „Meine ganze Aufmerksamkeit richtete sich jetzt auf die kleine Gestalt. Sara! Über die Jahre hatte ich versucht, sie streng aus meinen Gedanken zu verbannen; es war mir nur zum Teil gelungen." (S. 15 f.)

Verknüpfung durch Dialoge und Erinnerungen

Wichtige Komponenten der **Rahmenerzählung** sind die **Gespräche** zwischen Johannes Leroux und seiner Haushälterin Hannah, der Besuch seiner Schwester Greta und das Telefongespräch mit seiner Schwester Lisa.

Gespräche mit Lisa, Greta und Hannah

Die Dialoge mit diesen Figuren verweisen auf Geschehen der Vergangenheit, die in die Binnenerzählung eingewoben sind. Ein Beispiel dafür ist der Dialog mit Lisa. In ihm wird ein konkretes

---

32 Der Roman ist in insgesamt neun Kapitel unterteilt, die chronologisch durch den Tag im Jahr 2000 führen.

3.3 Aufbau

Geschehen angesprochen (schlechte Behandlung Saras durch die Zwillinge, ein nicht näher benannter Skandal, vgl. S. 54 f.), das nachfolgend in der Binnenerzählung erzählerisch dargestellt wird. Dieser Dialog ist also ein **verknüpfendes Element**. Auch im Dialog zwischen Greta und Jo wird mit der „Kartoffelgeschichte" ein Ereignis angesprochen, das in der Binnenerzählung aufgegriffen wird (vgl. S. 150 f.). Die Dialoge mit Hannah dienen ebenfalls der Verknüpfung. Sie liefern Informationen über das Südafrika der Apartheid mit seinen politischen Auseinandersetzungen, beispielweise über die Verhaftung Mandelas im Jahr 1962[33] (vgl. S. 203) oder über das damalige Leben der schwarzen Bevölkerung. Auch die Rahmenerzählung selbst liefert außerhalb der Dialoge eine Zustandsbeschreibung des Südafrika des Jahres 2000, manchmal im Vergleich mit dem Südafrika des Apartheidsystems (vgl. S. 115 f.).

Die **Erinnerungen Johannes Leroux'** verweisen auf ein in der Binnenerzählung dargestelltes Geschehen, wobei der Übergang zwischen Rahmen- und Binnenerzählung durchaus fließend sein kann, wie das folgende Zitat zeigt:

Erinnerungen von Jo

> „Ich hatte eigentlich überhaupt nicht an dieses infame System gedacht, das die schwarzen Gefangenen missbrauchte, ich hatte es vergessen. Nun versetzte Gretas Angst mich zurück in das Jahr 1959. Das war auch das Jahr, in dem Sara ihr Schulabschlussexamen mit hervorragenden Ergebnissen schrieb." (S. 151 f.)

In der Folge berichtet der Ich-Erzähler von den Ereignissen aus dem Jahr 1959, die ja Teil der Binnenerzählung sind.

---

33 Im Roman auf Seite 181 ist das Jahr 1963 angegeben. Mandela wurde aber bereits 1962 verhaftet. Vgl. http://www.spiegel.de/politik/ausland/nelson-mandela-cia-tipp-brachte-suedafrikas-freiheitskaempfer-ins-gefaengnis-a-1092521.html. Auf Seite 203 des Romans hat Weiss das korrekte Jahr genannt.

3.3 Aufbau

Verknüpfung von Rahmen- und Binnenerzählung durch Dialoge und Erinnerungen

Binnenerzählung

Die **Binnenerzählung** ist ein Zeitbild Südafrikas in den Jahren 1948 bis 1976, sie ist die Biografie Saras Lehmanns. Zugleich ist sie das Porträt der Apartheid.

Biografie von Sara

Sara Lehmann ist die zentrale Gestalt des Romans und Trägerin der Binnenerzählung, die mit der Ankunft der vierjährigen Sara in Kapstadt 1948 beginnt (vgl. S. 17 ff.) und mit der Identifikation der toten Sara durch Jo 1976 endet (vgl. S. 286 f.). Erzählt wird Saras Adoption durch die Familie Leroux und ihr Leiden in der Familie nach Bekanntwerden ihrer jüdischen Abstammung, initiiert durch den antisemitischen Adoptivvater. Die Binnenerzählung prägend ist Saras **Widerstand gegen die Apartheid** und die Reaktion des südafrikanischen Staates darauf.

3.3 Aufbau

Auch Südafrika ist Protagonist der Binnenerzählung. Erzähle- **Geschichte**
risch dargestellt werden **markante Daten südafrikanischer Ge-** **Südafrikas**
schichte:

→ der Marsch der Frauen am 9.8.1956 (vgl. S. 130 f.)
→ das Massaker von Sharpeville am 21.3.1960 (vgl. S. 172)
→ der Aufstand von Soweto am 16.6.1976 (vgl. S. 283 ff.).

Thematischer Überbau ist die **Ideologie der Apartheid** und nicht **Apartheid/**
zuletzt die des Antisemitismus, die in Analogie zueinandergesetzt **Antisemitismus**
werden.[34]

---

34   Dazu siehe Kapitel 3.7, Interpretationsansätze: Diskriminierende Ideologien, S. 100.

3.4 Personenkonstellation und Charakteristiken

ZUSAMMEN-
FASSUNG

Hauptfiguren

Sara Leroux/Lehmann
→ jüdische Adoptivtochter der Familie Leroux
→ wird wegen ihrer jüdischen Herkunft diskriminiert
→ engagiert sich gegen die Apartheid und wird in Soweto erschossen

Jo(hannes) Petrus Leroux
→ Adoptivbruder Saras
→ unterstützt Sara und verliebt sich später in sie

Dr. Zachariah Adriaan Leroux
→ Saras Adoptivvater, Anhänger der Apartheid
→ Antisemit, diskriminiert Sara und Schwarze
→ kommt bei einem Schwarzenaufstand um

Maria Letitia Leroux
→ Saras Adoptivmutter
→ versucht Sara zu schützen

Wichtige Nebenfiguren sind
→ Gisela Leroux (antisemitisch, deutsche Ehefrau von Dries)
→ Hannah (schwarze Haushälterin von Jo und Zeitzeugin)
→ Dr. Sam Morris (Arzt, Unterstützer Saras)

3.4   Personenkonstellation und Charakteristiken

→ Adam Simunya (Liebhaber Saras, wird erschossen)
→ Greta Leroux (Schwester von Jo, hasst Sara)
→ Lisa Leroux (Zwillingsschwester von Greta, hasst Sara)

Hauptfiguren

Sara Lehmann/Leroux

Die Jüdin Sara Lehmann kommt im Dezember 1944 im KZ Bergen-Belsen zur Welt (S. 96). Ihre Mutter ist dort interniert und stirbt bald nach der Geburt. Ihr Vater kam vermutlich in Auschwitz um (S. 243 ff.). Insassinnen des KZs setzen alles daran, Sara überleben zu lassen (vgl. S. 245). Nach der Befreiung des KZs wird Sara in ein Krankenhaus gebracht, wo sie ein Jahr bleibt. Anschließend kommt sie in ein Wiesbadener Kinderheim. 1948 schließlich gelangt sie als Vierjährige von dort nach Kapstadt, da Dr. Zachariah Leroux im Zuge des südafrikanischen Adoptivprogramms deutscher Kriegs-waisen ein blondes, blauäugiges Mädchen bestellt.

Geboren im KZ Bergen-Belsen

Das intelligente Kind wird liebevoll in die Familie aufgenommen. Dies ändert sich, als ihr Adoptivvater sieben Monate später von ihrer jüdischen Herkunft erfährt, nachdem Saras Papiere an die Familie überstellt wurden. Sara muss erleben, wie sich der von ihr geliebte Mensch unwiderruflich und ohne Erklärung von ihr abwendet. Maria Leroux schildert das Geschehen so:

Adoption durch die Familie Leroux

„Er war immer ein guter Vater. Bis … Bis Sara kam. [...] Zuerst war er zärtlicher mit ihr als mit irgendeinem von euch. Dann – später – er war so enttäuscht. Das war es wohl. Die große Ent-täuschung, dass sie keine Deutsche war. Das falsche Blut, hat er gesagt, sie hat das falsche Blut.“ (S. 235)

3.4 Personenkonstellation und Charakteristiken

Diskriminierung

Dagegen kommt das Kind nicht an. Unterstützung und Liebe erfährt Sara nur noch von ihrer Adoptivmutter Maria und dem ältesten Sohn der Familie, Jo. Jahre später haben Jo und Sara eine kurze Liebesaffäre in Rhodesien. Bis 1953 lebt Sara bei den Leroux'. Diese Jahre sind für sie eine Qual, da sie von ihrem Adoptivvater ignoriert und von ihren Geschwistern schikaniert wird. Greta und Lisa beschmieren ihr Bett mit Kot (S. 86) oder schlagen sie (S. 88). In dieser Zeit wird Sara zur Bettnässerin (S. 90) und wünscht sich den Tod (S. 92). Nach einer rüden verbalen Attacke des ebenfalls adoptierten deutschen Mädchens Gisela erleidet Sara 1952 einen schweren körperlichen Zusammenbruch, den sie nur mit ärztlicher Hilfe von Dr. Morris überlebt (vgl. S. 103 ff.).

Schule und Studium

Von Januar 1953 (S. 122) bis 1959 besucht Sara das Internat *De Wet Hoer Meisieskool*. Dort wird sie von ihrer Musiklehrerin Julia White politisch sensibilisiert und verfasst 1956 einen Aufsatz „über die *tsotsis*, die kleinen Kriminellen der schwarzen Vororte" (S. 116), mit dem sie ihre Familie beunruhigt. Sara verlässt die Schule mit einem sehr guten Abschluss und beginnt an der Universität Stellenbosch ein Jurastudium. Ihre Entscheidung für die Rechtswissenschaft ist eine politische, da sie nach ihrem Examen in die Gesetzgebung eingreifen und Schwarze juristisch unterstützen will (vgl. S. 177). Schon im ersten Studienjahr (1960) wird sie mit akademischen Preisen ausgezeichnet. Die Zeremonie nutzt sie zu einem politischen Statement, das zugleich ein Affront gegen ihren Vater ist (vgl. S. 201 ff.). Dies bringt ihr vermutlich die Relegation von der Hochschule ein, denn ein Jahr später studiert sie an der Universität in Johannesburg.

Konspiration mit Schwarzen: Mitgefühl mit Schwarzen

In Johannesburg bewegt sich Sara in oppositionellen Künstlerkreisen, die Kontakt zu dem im Untergrund lebenden Nelson Mandela haben. Sie betreibt zusammen mit den beiden Schwarzen Adam Simunya und Lester Bennet (S. 274) einen illegalen Sender, über

3.4 Personenkonstellation und Charakteristiken

den sie Botschaften Mandelas ausstrahlen: Radio Brüderlichkeit. Außerdem hat Sara eine Beziehung mit Simunya, womit sie gegen den *Immorality Act* (vgl. Kapitel 2.2, S. 14) verstößt. Ihr Engagement gegen die Apartheid erscheint oft unüberlegt, so kostet sie eine ihrer frühen Aktionen, die Hilfe für einen entlaufenden schwarzen Zwangsarbeiter, fast den Schulabschluss.

Woher kommt ihr Mitgefühl für die schwarzen Menschen? Zwei Ereignisse sind wichtig zur Beantwortung dieser Frage. Nach der rüden Behandlung Saras durch Gisela im Auto findet die verstörte Sara Trost bei Schwarzen (vgl. S. 99 ff). Außerdem erfährt Sara ja ebenso wie die schwarze Bevölkerung Südafrikas jahrelang Ausgrenzung. Besonders bewusst wird ihr dies bei Giselas Hochzeit mit Andries Leroux, bei der Gisela eine Rede hält und sich bei ihren Adoptiveltern für ihre Zuwendung bedankt. Der Ich-Erzähler beschreibt Saras Reaktion darauf: „Sara war blass, ich sah Tränen in ihren Augen. Ihr war keine neue Heimat geboten worden!" (S. 144) Ihre Antwort auf diese Erfahrungen ist ihr Widerstand gegen die Apartheid, wobei sie zu einer gewissen Verstiegenheit neigt. Sie fühlt sich verantwortlich für „die Zukunft von Millionen Schwarzer" (S. 177). Warnungen des um sie besorgten Jo schlägt sie großspurig in den Wind (vgl. S. 197).

Saras politisches Engagement dürfte auch Rache an ihrem Adoptivvater sein.[35] Erfüllt von Zorn und Sendungsbewusstsein vergisst sie dabei, dass er ihr zu ihrer akademischen Ausbildung verholfen hat. Überhaupt ist Sara in ihrer Einstellung „schwarz oder weiß" (S. 90), wie ihr Adoptivbruder Jo feststellt. Auch ihrer Adoptivmutter, die Sara liebt und immer unterstützt, mutet sie mit ihrem widerständigen Tun einiges zu – was aber für Jugendliche im pubertären Alter auch nicht ungewöhnlich ist. Im familieneigenen Ferienhaus

Ausgegrenzt und ohne Heimat

Rache an ihrem Adoptivvater

---

35 Dazu siehe Kapitel 6, Prüfungsaufgaben mit Musterlösungen, Aufgabe 1.

3.4   Personenkonstellation und Charakteristiken

Provoziert ihre Verhaftung

lässt Sara oppositionelle Schriften liegen und in Kombination mit dem Verhältnis mit Simunya provoziert sie schließlich ihre Verhaftung und die Anklage wegen Hochverrats und Verstoßes gegen den *Immorality Act.*

Prozess und Freispruch

In diesem Prozess erfährt sie von ihrer Herkunft, die ihr von ihrer Adoptivfamilie verschwiegen worden war. Durch diese Enthüllung wird für sie im Nachhinein vieles klar, denn sie hat ihren Adoptivvater immer als Antisemiten kennengelernt. Nach ihrem Freispruch flieht Sara aus Südafrika. Nach Reisen durch weitere afrikanische Staaten, Europa und Israel kehrt sie, die inzwischen ihren Mädchennamen Lehmann wieder angenommen hat, nach Südafrika zurück.

Enge Bindung zu Johannes Leroux

Zu Jo hat Sara eine enge Bindung. Als Kind ist er als ihr „großer Bruder" Trost und Halt. Nach dem Segelunfall erkennt sie, dass Zachariah Leroux nicht „ihre" Vaterfigur ist und nicht mehr sein wird: „Warum hasst mich ... dein Pa?" (S. 142) „Wenn ich einen Vater habe, bist du es, Jo ..." (S. 143) Sara weiß, dass Jo in all den Jahren viel für sie getan hat und verzeiht ihm liebevoll sogar seinen Konservativismus. Sie weiß spätestens seit ihrem Zusammentreffen in Oxford (vgl. S. 274) von seinen Gefühlen für sie, die sie zu diesem Zeitpunkt aber nur schwesterlich erwidert. Schließlich verliebt sie sich in ihn, wie sie ihm in Kariba gesteht (S. 281), bleibt aber nicht bei ihm. Ihr Engagement gegen die Apartheid ist der zentrale Punkt ihres Lebens und der Grund für ihren frühen Tod.

Tod in Soweto

Im Juni 1976 wird Sara Lehmann während des Aufstandes von Soweto (vgl. Kapitel 2.2, S. 16) von einem Polizisten erschossen. Ihre Leiche wird nach Johannesburg gebracht und von Jo dort identifiziert. Ihn hat sie zur Abkehr von der Apartheid bewegen können. Von den restlichen Geschwistern, allen voran Lisa und Greta, wird sie bis zu ihrem Tod und auch noch im Jahr 2000 gehasst – in deren Augen hat sie und ihr Tun die Familie Leroux gespalten.

3.4 Personenkonstellation und Charakteristiken

Jo(hannes) Petrus Leroux

Johannes Petrus Leroux – Rufname Jo – ist der Ich-Erzähler des Romans. Er wird 1934 geboren und ist der älteste Sohn von Maria und Zachariah Leroux. Er liebt seine Mutter und ist seinem Vater, dem Patriarchen der Familie, so ergeben, dass er als Jugendlicher auf dessen Wunsch eine absurde Frisur trägt: „kurz geschoren wie eine Kappe" (S. 16). Von seinem Vater hat er die Bewunderung für die Deutschen im Allgemeinen und die SS im Besonderen übernommen (S. 41). Überhaupt ist die politische Einstellung Jos lange die eines weißen Oberklasse-Sprösslings, eines *baas*.

Ältester Sohn der Burenfamilie Leroux

Rassist

> „Toleranz wurde wenig in unserer Familie gepredigt. Alles hatte seinen Platz. Jeder seinen Rang. Wie in der Weltordnung [...]. Als Kleinkind, als ich noch halbwild mit Dries und den schwarzen Kindern auf der Verster-Farm herumziehen durfte, wusste ich bereits, dass wir beide einen höheren Status hatten als die Eingeborenen." (S. 60)

Farbige sind für ihn durch die Erziehung lange Zeit Menschen zweiter Klasse. Zwar unterhält er eine Quasi-Freundschaft mit dem farbigen Fischer Klaas Visser, doch bei ihm lässt er sich nur blicken, wenn er aufgewühlt ist und sich mit nächtlichen Fischzügen beruhigen will (S. 199 f.). Jos größter Wunsch ist die Aufnahme in den reaktionären *broederbond* (S. 70). Mit der Apartheid ist Jo zunächst vollkommen im Reinen (S. 85) und von der Notwendigkeit der Rassentrennung überzeugt.

Nach dem Schulabschluss studiert er zunächst Medizin, bemerkt allerdings schnell, dass ihm der Arztberuf nicht liegt. Er schließt das Studium ab und geht in eine Klinik nach Kapstadt. Außerdem beginnt er ein Studium der Biochemie, das er u. a. an den Eliteuniversitäten Harvard und Oxford fortsetzt. Er pro-

Professor für Biochemie

3.4 Personenkonstellation und Charakteristiken

moviert und geht in die Forschung. Anfang der 1960er-Jahre macht er in der wissenschaftlichen Welt mit einer Arbeit über Viren in Lymphdrüsen auf sich aufmerksam. Schließlich habilitiert er sich und lehrt als Professor für Biochemie an der Universität Pretoria.

Besondere Beziehung zu Sara Lehmann

Der wichtigste Mensch im Leben von Jo ist Sara. Die Bindung zwischen ihnen beginnt am Hafen von Kapstadt, als das vierjährige Kind beinahe vom Wind umgeweht wird. Von seiner Zerbrechlichkeit gerührt, fängt Jo es auf (S. 20). Später rühren ihn ihre wenigen Habseligkeiten. Nach Bekanntwerden der jüdischen Herkunft Saras – die für ihn nichts an seiner Beziehung zu Sara ändert – wird Jo mit dem rüden Antisemitismus seines Vaters konfrontiert. Die Einstellung seines Vaters einem Kleinkind gegenüber befremdet ihn erstmals und führt zu einem Riss im Vaterbild: „Bei diesem Gespräch, in dem er Sara noch mehrmals als Hebräerin bezeichnete, spürte ich, dass mir etwas Wichtiges verloren gegangen war. Mein Respekt vor Pa. Das tat weh." (S. 61) Jo beginnt seinen Vater und sein Benehmen zu hinterfragen: sein Verhalten Sara gegenüber, aber auch die nationalsozialistische Ideologie und den Umgang mit Juden im deutschen Faschismus und das Verhalten Schwarzen gegenüber. Jahre später reist Jo mit seinem Vetter Francois durch Deutschland, befragt dort Menschen und ist ungehalten über deren Verschlossenheit (S. 132 ff.). Die Parallelität zur Apartheid erkennt er zu diesem Zeitpunkt noch nicht.

Saras Beschützer

Jo begreift sich von Beginn an als Saras Beschützer, umso mehr, nachdem sie beim Vater in Ungnade fällt und auch in der Familie keinen Rückhalt mehr hat. Jo straft seine Schwestern Greta und Lisa, als sie Saras Bett mit Kot beschmieren (S. 86), schützt Sara vor Giselas Beschimpfungen (S. 99) und sorgt schließlich dafür, dass Sara der Hölle des familiären Haushalts entkommt und auf ein Internat geschickt wird (S. 122).

3.4 Personenkonstellation und Charakteristiken

Gleichzeitig wird er mit Saras frühem Widerstand gegen die Apartheid konfrontiert. Dieser, vor allem aber Saras Legitimation ihres Tuns, beginnen Jo zu verunsichern. Deutlich wird dies nach Saras Rede 1959 vor dem Magistrat, in dem sie Analogien zwischen Antisemitismus und Apartheid formuliert (S. 164). Jo ist einerseits beeindruckt, bemerkt aber auch, dass seine politischen Überzeugen ins Wanken geraten (S. 165). Wie aus Trotz beginnt er in Oxford eine Affäre mit der Rassistin Sophia Lister. Die Geschehnisse in seinem Heimatland, vor allem die Ereignisse in Sharpeville im März 1960 erschüttern seine politische Haltung mehr und mehr. Ein Übriges ergibt sich durch die Analysen Saras, die ihn zu einem selbständigen Denken auffordert: „Und ich denke, du bist zu sehr von deinem Pa abhängig in deinem Denken! Man darf keine Menschen unterdrücken, Jo. Apartheid bedeutet Unterdrückung der Schwarzen." (S. 168 f.)

Jos Ansichten werden durch Sara auf die Probe gestellt

1965 gerät Jo in eine Polizeiaktion, in deren Verlauf Saras Liebhaber Simunya erschossen und sie selbst verhaftet wird. Als sie im sich anschließenden Prozess des Hochverrats und Verstoßes gegen den *Immorality Act* angeklagt wird, erkennt er – der sich inzwischen in die hübsche Adoptivschwester verliebt hat – ihre aussichtslose Lage und nimmt Kontakt mit dem jüdischen Arzt Dr. Sam Morris auf, der Sara schon einmal das Leben gerettet hat. Von dessen zunächst ablehnenden Verhalten lässt sich Jo nicht beirren, was letztlich der Grundstein für Saras Freispruch wird. Jo ist es, der Sara nach dem Prozess mit dem Auto zur Flucht verhilft, obwohl ihr Verschwinden einen großen Verlust für ihn bedeutet: „Sara war verschwunden. Und mit ihr die Wärme in meinem Leben." (S. 256)

Unterstützung Saras im Prozess wegen Hochverrats

Jo bekommt anschließend sporadisch Post von Sara und 1973 treffen sich beide durch Zufall in Oxford, wo Jo ihr seine Liebe gesteht, aber noch abgewiesen wird. 1976 schließlich werden beide in Kariba/Rhodesien ein Paar. Doch Jo muss akzeptieren, dass Sa-

Nach Saras Flucht

3.4 Personenkonstellation und Charakteristiken

ra ein Leben im Untergrund vorzieht und nicht bei ihm bleibt. Er kompensiert das mit erfolgreicher wissenschaftlicher Arbeit und hofft auf sporadische Treffen mit der Frau seiner Träume. Mit dieser Hoffnung ist es 1976 vorbei: In Johannesburg findet er zufällig Saras Leiche, die während des Aufstandes von Soweto erschossen wurde. Auch sein Vater wurde im Rahmen der Aufstände getötet und Jo muss ihn dort identifizieren.

Identifiziert die Leichen von Sara und dem Vater

2000 ist Jo Leroux an Leukämie erkrankt und steht vor einem Umzug von Pretoria in das Fischerdorf Boomslang, wo er seine letzten Tage verbringen will. Inzwischen lehnt er die Apartheid ab und hat sein Haus ganz selbstverständlich an eine schwarze Familie verkauft. Durch seinen Umzug kommen alte Erinnerungen in ihm auf und er staunt manchmal immer noch über die Entwicklungen und den heutigen Zustand zwischen Weiß und Schwarz: Das wird vor allem im Umgang mit Hannah deutlich, eine seiner immer noch schwarzen Bediensteten.

Dr. Zachariah Adriaan Leroux (Vater)

Entstammt einer privilegierten Familie und heiratet eine weiße Frau aus ärmlichen Verhältnissen

„Pas Familie, Nachfahren der Hugenotten, stammten aus dem Kap" (S. 11), heißt es über die Herkunft von Zachariah Leroux, Jos Vater. Zusammen mit seinem Bruder Paul, der später Richter werden wird, erlebt er eine behütete Kindheit und wächst mit dem Bewusstsein auf, ein Bure und daher etwas Besonderes zu sein. Für ihn sind die Buren „das auserwählte Volk" (S. 26). Entsprechend sind ihm „Herkunft und Familientreue" (S. 29) wichtig. 1928 geht er, der Pädagogik studiert hat, in den Transvaal, um an einer Grundschule zu unterrichten. Dort verliebt er sich in die aus ärmlichen Verhältnissen stammende Maria Myer. Er setzt sich über den in seinen Kreisen üblichen Standesdünkel und den die Beziehung missbilligenden Vater hinweg und heiratet Maria 1933. Mit ihr bekommt er sechs Kinder.

3.4 Personenkonstellation und Charakteristiken

Neben seiner Tätigkeit als Lehrer promoviert er über „Ethnizität und Nationalität" (S. 9) und wird noch vor Abschluss der Promotion zum Schulinspektor berufen. Weitere Beförderungen folgen und 1948 ist Leroux Staatssekretär im Erziehungsministerium, also ein Mitglied der südafrikanischen Regierung. „Er war bekannt als einer der harten Männer der Partei, auch wenn er als Kapbürger geboren war." (S. 24). Der Ich-Erzähler beschreibt Leroux so: „Die schmalen Lippen unter der geschwungenen Nase, die buschigen Augenbrauen gaben ihm einen grimmigen Ausdruck, der kaum untypisch für ihn war. Ein wuchtiger, stämmiger Mann." (S. 14 f.) Bildung bedeutet Zachariah Leroux sehr viel – allerdings nur für die weiße Bevölkerung und seine eigene Familie. Obwohl er die Briten ablehnt, ist er doch stolz darauf, dass sein Sohn Jo an der britischen Elite-Universität Oxford studieren wird (vgl. S. 121).

Mitglied der Apartheidregierung

Die Familie Leroux ist also privilegiert und das ist auch der Status Zachariah Leroux' in seiner Familie:

Patriarch

> „Ich brauche kaum zu erklären, dass sich in unserem Haus alles um Pa drehte. Er war in jedem Sinn des Wortes das Familienoberhaupt. Wir gehörten einem patriarchalen Stamm an. Pas Wünsche waren für uns Befehle. Auch – vielleicht sogar vor allem – für Ma." (S. 42)

Als Ausdruck dessen lässt sich Leroux in der dritten Person anreden. Zuweilen tritt der Vater wie ein Gewaltherrscher auf, so ahndet er ein in seinen Augen ungehöriges Verhalten Jos seiner Mutter gegenüber mit einem brutalen Hieb (S. 94). In seinem Denken sind die Afrikaander-Männer den Frauen grundsätzlich überlegen und in diesem Sinne erzieht er auch seine Kinder. Zachariah Leroux kann aber auch sehr fürsorglich sein, so mutet er seiner Familie

3.4 Personenkonstellation und Charakteristiken

keine häufigen, berufsbedingten Umzüge zu (S. 40) und ist tierlieb (S. 61). Der Ich-Erzähler charakterisiert ihn so:

> „Er war ein aufrechter Mann, der den Respekt der Gemeinde genoss. Und natürlich das Vertrauen seiner Verwandten und die Liebe seiner Familie verdiente. Er glaubte fest an Gott und an Sein Werk, an Seine Fürsorge für alle Seine Geschöpfe. Pas Werte waren die unseres Volkes, unserer Kirche, unserer Gemeinschaft. Er lebte ein vorbildliches Leben und starb in dem Bewusstsein, Gottes Weg beschritten zu haben." (S. 43)

Antisemit

Man könnte also meinen, es mit einem Heiligen zu tun zu haben, doch dieser Schein trügt: Leroux ist Rassist und Antisemit. Im Zuge des Adoptionsprogramms deutscher Kriegswaisen durch wohlhabende südafrikanische Familien *bestellt* er ein „blondes, blauäugiges Mädchen" (S. 27). „Reines deutsches Blut wird unserem Volke zugute kommen." (S. 24) Dabei entspricht das Kind dem Phänotyp[36] des sogenannten arischen Menschen der Nazi-Ideologie. Das ist wichtig für Leroux, denn er verehrt die Deutschen im Allgemeinen und Hitler im Besonderen (S. 41). Er beschäftigt sich mit Rassenfragen und vertritt die Ansicht, dass Angehörige unterschiedlicher Rassen[37] sich nicht vermischen sollten (vgl. S. 29 f.). Entscheidend in dieser Frage ist für ihn das Blut. Für ihn wird eine Rasse durch das Blut definiert, wobei es zu unterscheiden gilt zwischen falschem und richtigem Blut. Selbstverständlich besitzen die Deutschen und die Buren das richtige Blut, weshalb sie sich nicht mit anderen Rassen abgeben oder gar mit ihnen vermischen sollten, untereinander aber schon: „Pa ist überzeugt, Hitlers Theorie sei richtig gewesen,

---

36 Erscheinungsbild.
37 Rasse: Bevölkerungsgruppe mit bestimmten gemeinsamen biologischen Merkmalen.

3.4 Personenkonstellation und Charakteristiken

alles kommt auf Abstammung an, man ist das, womit man geboren ist, alles liegt an Vererbung" (S. 169). Seiner Frau gegenüber äußert sich Leroux in Bezug auf Sara so: „Ich bin nicht überzeugt, dass es richtig ist, meine Kinder mit einer Hebräerin als Schwester aufwachsen zu lassen. Die Deutschen sind mit Buren blutsverwandt. Hebräer sind eine andere Rasse." (S. 58) Und: „Die Juden waren Deutschlands Unglück. Ich möchte nicht, dass eine Jüdin Unglück in meine Familie bringt." (S. 62)

Hier schließt sich der Kreis und so kommt es, dass Leroux das Kind, das er liebt, fallenlässt. Aus dem kleinen Engel (S. 33) wird „das Gör" (S. 52). Nach einem Gespräch mit dem Vorsitzenden des *broederbondes* belässt der Vater Sara zwar in der Familie, doch er ignoriert sie. In der Folge entwickelt sich eine Ereigniskette zwischen Sara und dem Adoptivvater[38], die im Verrat Saras an die Polizei 1965 gipfelt und als Konsequenz dessen er die Liebe seiner Frau verliert (vgl. S. 260). Trotz seines Antisemitismus sichert Leroux Sara eine vorzügliche Ausbildung, weil niemand von ihrer jüdischen Abstammung weiß und es sich für ihn so gehört. Für Schwarze hält Leroux Bildung dagegen für überflüssig: „Pas Antwort war klar: Ein Bantu brauchte nicht zu studieren, er sollte sich auf seine eigene Tradition stützen." (S. 279 f.) Der Ich-Erzähler beschreibt das pädagogische Konzept Leroux' so: „Bantu sollten nur das einfachste Rechnen, Lesen und Schreiben in Bantuschulen lernen. Genug für Jobs als Boten, Handlanger, Hauspersonal. Pa war einer der Architekten dieses Systems gewesen." (S. 78)

Für den Widerstand der Schwarzen hat er nur Verachtung übrig (vgl. S. 179). Er erkennt nicht den gesellschaftlichen Wandel in seinem Land: Für ihn ist die Zeit stehengeblieben. Und daher verkennt er auch die Gefahr durch den politischen Wandel. 1976 kommt

Marginalien:
- Lässt die Jüdin Sara fallen
- Bildung
- Kommt während des Soweto-Aufstandes ums Leben

---

38 Dazu siehe Kapitel 6, Prüfungsaufgaben mit Musterlösungen, Aufgabe 2.

3.4   Personenkonstellation und Charakteristiken

The day our kids lost faith: Schülerprotest 1976 in Soweto. © akg-images / Africa Media Online

Zachariah Leroux in Johannesburg ums Leben. Er gerät mit seinem Auto in einen Mob schwarzer Schüler, die gegen die Einführung von Afrikaans als Unterrichtssprache demonstrieren. Durch ihre Parole „Nein zu Afrikaans" (S. 285) lässt sich Leroux provozieren:

„Er schrie aus dem Wagen: ‚Ja zu Afrikaans!' Sofort wurde der Wagen umzingelt, zu spät begriff Pa die Gefahr, da wurde das Auto schon gerüttelt und umgestoßen, die Scheiben zertrüm-

3.4 Personenkonstellation und Charakteristiken

mert. Eine Glasscherbe traf Pas Halsschlagader, er war tot, ehe
sie ihn herauszerrten." (S. 286)

Maria Letitia Leroux (Mutter)

wird als Maria Letitia Myer auf dem Gelände einer Goldmine in
Randfontein geboren, wo ihr Vater arbeitet. Ihre Vorfahren sind
Treckburen, ihr Vater ist Minenarbeiter. Ihre Familie lebt in pre-
kären Verhältnissen, weshalb sie als Fünfzehnjährige „mit anderen
armen weißen Kindern von dem Afrikaaner-Hilfswerk *Helpmekaar*
auf eine Ferienfarm verschickt" wird (S. 28). Dort lernt sie Zachariah
Leroux kennen, den sie 1933 heiratet und mit dem sie sechs Kinder
bekommt. Ihr ältester Sohn Jo, der gleichzeitig der Ich-Erzähler im
Roman ist, charakterisiert seine Mutter so:

> „Ma war keine hochkultivierte Frau, sie hatte kaum eine Schul-
> ausbildung genossen, sie war in einer armen Familie aufge-
> wachsen und wusste, was Entbehrung bedeutete. Dafür hatte
> sie liebende Eltern, und diese Liebe gab sie an uns weiter."
> (S. 42)

Warmherzig und aus einfachen Verhältnissen

„Ihre Mutter, eine Frau mit Herz. Wie meine Leah. Auch wenn beide keine Ahnung von Politik haben" (S. 238), beschreibt Dr. Morris
Maria Leroux. Jos Mutter ist politisch nicht uninteressiert, aber in
ihren Ansichten weitgehend auf die ihres Mannes beschränkt. Das
zeigt auch ihre Reaktion auf den bevorstehenden Austritt Südafrikas aus dem britischen Commonwealth im Mai 1961 als Folge der
internationalen Kritik auf das Massaker von Sharpeville ein Jahr zuvor. Sie äußert sich begeistert über die Separation Südafrikas, über
die toten Schwarzen verliert sie kein Wort des Entsetzens (S. 178).
Auch die Erschießung Simunyas bedauert sie nicht. Wie viele Weiße
dieser Generation scheint sie Schwarze als Bedrohung wahrzuneh-

Politisch in-formiert, aber abhängig

3.4 Personenkonstellation und Charakteristiken

men, wenn sie ihren Kindern verbietet, am Tag des Marsches der Frauen das Haus zu verlassen (S. 130).

Kartoffelboykott

Zwar beteiligt sich die Mutter nach der Aufdeckung der skandalösen Arbeitsbedingungen schwarzer Farmarbeiter am Kartoffelboykott, doch mehr aus Solidarität mit Sara. Nach der Intervention ihres Mannes lässt sie es. Alles in allem verhält sich Maria Leroux wie eine weiße Frau aus der Oberschicht, die schwarze Angestellte für sich arbeiten lässt (S. 73), und stellt das alles nicht in Frage. Ihrem Mann ist sie ergeben, beinahe devot, handelt sie in der Regel „auf Pas Anweisungen" (S. 20). „Pas Wünsche waren für uns Befehle. Auch – vielleicht vor allem – für Ma." (S. 42) Und Maria Leroux ist Pas Dienerin. Ihre Rolle innerhalb der Familie hinterfragt sie nicht, denn sie „war es nicht gewohnt, ihre Gefühle zu analysieren. Noch weniger darüber zu sprechen" (S. 67).

Ungewohnte Opposition

Alles ändert sich, als Saras jüdische Herkunft bekannt wird. Zum ersten Mal opponiert Maria Leroux gegen ihren Mann, der das Kind zurückschicken will. Ihr tiefes Mitgefühl und die Liebe zu Sara, deren anfängliche Zurückhaltung sie bedauert (S. 42), geben ihr den Mut dazu. Dass ihr Verhalten revolutionären Charakter hat, zeigt die Reaktion ihres Sohnes Jo darauf:

> „Ich war wie vor den Kopf geschlagen. […] Ma hatte noch nie eine Entscheidung von Pa in unserem Beisein angezweifelt, ihm nie widersprochen. Und nun sagte sie, sie hätte darauf bestanden, dass Pa mit seinem Sohn sprechen sollte! Hatte in meiner Anwesenheit deutlich gezeigt, dass sie anderer Meinung als Pa war." (S. 59)

Kann Sara innerhalb der Familie nur bedingt schützen

Maria Leroux bietet ihrem Mann nicht nur die Stirn, sondern ergreift auch die Initiative: Sie will Sara schützen. Dabei sucht sie bei Jo Unterstützung und bittet ihn, Sara nichts von ihrer Herkunft zu

3.4 Personenkonstellation und Charakteristiken

verraten. Wie ungewohnt dieses initiative Verhalten für sie ist, zeigt sich in der Art und Weise, wie sie das Gespräch mit ihrem Sohn sucht und gestaltet: „Es stand ein Krug Orangensaft auf dem Tisch, von dem sie mir anbot, als sei ich Besuch." (S. 73) Ihr Wunsch ist, Sara vor Diskriminierung zu bewahren, doch innerhalb der Familie gelingt ihr das nicht. Dabei tut sie alles, um die schlechte Behandlung des Kindes durch ihre Töchter, die übrigen Söhne und ihrem Mann aufzufangen:

> „Ma tat, was sie konnte, um Pas Schweigen und die Missachtung, ja die Misshandlung der Geschwister auszugleichen. Sie nahm Sara mit, wenn sie zum Einkauf in die Stadt fuhr, vor allem, wenn sie Stoff oder Kleider kaufte; das machte der Kleinen besonders Spaß." (S. 76)

Maria Leroux sitzt in der Familie praktisch zwischen zwei Stühlen: Sara auf der einen Seite, der Rest der Familie auf der anderen. Manchmal gelangt sie dadurch an die Grenzen ihrer Kraft, so in jener Situation, in der Jo ihr von dem kotbeschmierten Bett berichtet (S. 93). Sie fordert Jo auf, sich nicht einzumischen. Bei dem sich anschließenden Streit mit dem hinzugekommenen Vater wird sie ohnmächtig. Sara bedeutet ihrer Adoptivmutter sehr viel. Auf die der Attacke Giselas folgende Krankheit Saras reagiert sie sehr beunruhigt und ist beinahe eifersüchtig auf Emma Verster, die das Kind pflegt. Unter Saras politischem Engagement und der damit verbundenen Gefahr für die junge Frau leidet sie (S. 214). Im Prozess steht sie Sara nach Kräften bei. Als sie im Laufe der Verhandlung vom Verrat ihres Mann erfährt, ist sie fassungslos und zeigt ihm das auch (S. 234), indem sie vorerst bei Jo in Johannesburg bleibt. Erst aus Sorge um ihren jüngsten Sohn Nico kehrt sie schließlich zu ihrem Mann zurück.

Leidet wegen Sara

Distanz zu ihrem Mann

3.4 Personenkonstellation und Charakteristiken

„Ma fuhr zurück nach Pretoria, wegen Nico. Ich wusste, sie hatte sich überlegt, ob sie bei mir bleiben sollte. Doch sie war pflichtbewusst, sie hatte ihr Wort in Gottes Haus gegeben, sich ihrem Ehemann zu fügen. Ob die Ehe so blieb wie früher, weiß ich nicht, das erfuhr man kaum über Eltern, wie meine es waren." (S. 260)

Tragische Figur

In der Folge nimmt Maria Leroux ihr altes Leben wieder auf und wird mehrfache Großmutter. Ihre späten Jahre sind von Verlusten geprägt: Im Juni 1976 verliert sie innerhalb weniger Tage sowohl Sara als auch ihren Mann, die beide im Zuge der Rassenunruhen in Soweto getötet werden. Maria Leroux ist die tragische Figur des Romans. Wie in einer griechischen Tragödie hat sie um Sara gekämpft und sie verloren.

Nebenfiguren
Gisela Leroux

Adoptivtochter der Familie Verster

Die Deutsche Gisela Leroux wird 1935 geboren. Während des Zweiten Weltkriegs lebt sie bei ihrer Tante in einem oberbayrischen Dorf, während ihre zuckerkranke Mutter – die nach der Kapitulation stirbt – in Köln bleibt. Nach Kriegsende fährt Gisela mit ihrer Tante nach Köln, wo sie mit einer vollkommen zerstörten Stadt konfrontiert wird (S. 111). Als auch noch die Tante erkrankt, wird Gisela „von einem Heim ins andere geschickt" (S. 112). Schließlich wird sie 1945 im Zuge des südafrikanischen Adoptionsprogramms von den mit den Leroux' verwandten Versters adoptiert und kommt als Elfjährige nach Südafrika.

Antisemitisch erzogen

Ihre in Deutschland erfahrene Sozialisierung wird im Roman beschrieben: „Sie hatte gelernt, dass Juden schlecht waren. Es hatte wenig Zweck, sie für etwas verantwortlich zu machen, das nicht ihre Schuld war. Sie hatte sich den Führer nicht ausgesucht, das

3.4 Personenkonstellation und Charakteristiken

hatten ihre Eltern getan." (S. 112) Die praktische Umsetzung der von ihr übernommenen Nazi-Ideologie vollzieht Gisela im Umgang mit Sara. Über deren jüdische Herkunft inzwischen informiert, geht sie das achtjährige Kind in schockierender Weise an (vgl. S. 98). Später versucht sie sich Jo gegenüber zu erklären (S. 110 ff.).

Ende der 50er-Jahre[39] heiratet Gisela (An)Dries Leroux. Bei der Hochzeitsfeier hält sie eine Rede, in der sie sich für all das Gute, das sie durch ihre Adoptivfamilie erfahren hat, bedankt (S. 143 f.). Kurz nach der Hochzeit betrügt sie ihren Mann mit Francois Leroux, was Jo entdeckt. Nichtsdestotrotz bleibt die schillernde Gisela mit ihrem Mann zusammen. Sie geht mit ihm ins nördliche Südafrika, wo sie die Farm „Vergelegen" bewirtschaften. Sie leidet unter dem abgeschiedenen, schwierigen Leben dort und auch unter ihrer ungewollten Kinderlosigkeit. 1965 ist die einst attraktive, eitle Frau heruntergekommen: „Ihre Haare waren strähnig und fast farblos, sie hatte abgenommen, sah verhärmt und blass aus." (S. 209) Schließlich adoptieren sie und ihr Mann das Kind einer in Johannesburg gescheiterten Tochter eines Kleinbauern. Sechs Monate später wird sie dann selbst schwanger.

Heiratet Dries Leroux

Gisela ist die Gegenfigur zu Sara. Wo jene aufgrund ihrer jüdischen Herkunft diskriminiert wird, erfährt Gisela eine liebevolle Aufnahme und Integration in die Adoptivfamilie und später in die südafrikanische Gesellschaft.

Gegenfigur zu Sara

---

39 Vermutlich 1957 oder 1958: Das geht aus dem Roman nicht zweifelsfrei hervor.

3.4 Personenkonstellation und Charakteristiken

Hannah

Vgl. auch Prüfungsaufgabe 2, S. 121

Hannah führt Jo Leroux seit dem Unfalltod ihres Mannes 1995 den Haushalt:

> „Eine große, vollbusige Frau, die ihre Kinder mithilfe ihrer Mutter erzogen hatte, ihr Mann war in Johannesburg als Bürobote tätig gewesen. Nun waren die Kinder längst erwachsen. Sie kam von Kleurfontein, der Orangenplantage in der Nähe von Sabi-Sabi, die Oom Verster übernommen hatte, nachdem er seine erste Farm in Magaliesberg verkauft hatte." (S. 47)

Haushälterin von Johannes Leroux

Geboren wird Hannah (ebenso wie Sara) im Dezember 1944 in einer von Lutheranern unterhaltenen Mission. Sie ist die Enkelin der „alten *meid*", in deren Armen Sara nach Gieselas Attacke Trost gefunden hatte (vgl. S. 100 f.). Gemäß der Ideologie der Apartheid, die Schwarze von einer qualifizierten Schulbildung ausschließt, musste Hannah die Schule schon nach wenigen Jahren verlassen und als Küchenhilfe arbeiten. Sie hat darunter gelitten, denn „sie wäre gerne länger in der Schule geblieben" (S. 77). Trotz der Diskriminierungen, die sie als Schwarze erfahren hat, hat sie ihre Würde bewahrt. Dies zeigt sich besonders in jener Situation, in der sie von Johannes Leroux zu einem gemeinsamen Tee eingeladen wird. Zwar setzt sie sich mit ihm an einen Tisch, den Tee rührt sie allerdings nicht an. Sie lehnt die Nähe zu ihrem weißen Arbeitgeber, den sie nach wie vor in der dritten Person anredet, ab. Dies kann der überholten sozialen Ordnung geschuldet sein, nach der sich Vertraulichkeit zwischen Weiß und Schwarz nicht schickt. Ihr Verhalten kann aber auch eine Demonstration dessen sein, dass sie es nicht nötig hat.

Wache Zeitzeugin

Hannah ist eine politische Frau und eine wache Zeitzeugin. Sie ist während der Apartheid aufgewachsen und weiß auch von den

3.4 Personenkonstellation und Charakteristiken

Umständen der Verhaftung Nelson Mandelas (S. 181). Nachdem Jo aus Pretoria wegzieht, will sie ihre Tochter Tandi Mpanda unterstützen, die in Johannesburg Jura studieren wird. Die Figur der Hannah repräsentiert das alte Südafrika. Zugleich ist sie durch die Unterstützung ihrer Tochter, die das Leben nach der Apartheid repräsentiert, auch eine Wegbereiterin des neuen Südafrikas.

Dr. Sam Morris

Der in Lydenburg lebende jüdische Arzt rettet Sara nach ihrem Zusammenbruch in Kleurfontein 1952 das Leben. Er behandelt – gegen das ungeschriebene Gesetze der Apartheid – auch Schwarze, sofern „ihr Baas versichert ist und zahlt" (S. 107). Morris ist kein Idealist, dennoch steht er den Weißen abweisend gegenüber. Das ist zu erkennen, als ihn Jo 1965 um Hilfe für Sara bittet: „Seine Stimme war abweisend. ‚Ich versteh Sie nicht. Sie haben sie doch zu jemand von Ihren Leuten gemacht, oder?'" (S. 224). Er ist nicht ohne Bitterkeit und sich des Unrechts, das den Juden ebenso wie den Schwarzen angetan worden war, sehr bewusst:

> „Ich bin zwar hier geboren, aber – von Antisemitismus versteht jeder Jude etwas. Buren, Briten, wo ist da der Unterschied? Haben die Briten im Mittelalter nicht auch Juden vertrieben? Genau wie es im Heiligen Römischen Reich geschehen war? Und dann – nach Palästina ließen die Briten die KZ-Überlebenden auch nicht!" (S. 224)

Erst als er von der Diskriminierung Saras durch ihren antisemitischen Adoptivvater erfährt, lenkt er ein und lässt seine Kontakte spielen. Er organisiert mit Alan Richmann einen Spitzenanwalt, der im Prozess gegen Sara schließlich einen Freispruch erwirkt. Vermutlich gehört er auch zu den Fluchthelfern, die Sara nach ihrem

Rettet Sara das Leben

Verhilft Sara zu einem Spitzenanwalt

3.4 Personenkonstellation und Charakteristiken

Freispruch die unmittelbare Flucht vor der Geheimpolizei ermöglichen. Dr. Morris kümmert sich zudem um Frau Leroux, für die angesichts des Verhaltens ihres Mannes eine Welt zusammengebrochen ist und die unter dem Prozess gegen ihre Adoptivtochter leidet.

Adam Simunya

Intelligent und kultiviert

„Ein gut aussehender, schlanker Bantu, etwa Ende zwanzig. Schmales Gesicht mit hohen Backenknochen. Kleine Narben auf den Wangen." (S. 189) Die Menschen in seiner Umgebung schaut sich der kultivierte und äußerst höfliche Schwarze sehr genau an. Er und Jo Leroux begegnen sich erstmals 1961 auf einer Party in Johannesburg. Simunya hat Kunst studiert und arbeitet als Journalist, um seine Eltern und Geschwister finanziell unterstützen zu können. Er publiziert politische Gedichte, in denen er die Apartheid entschieden kritisiert.

Oppositioneller und Freund Sara Lehmanns

Zur Opposition zählend gehört Simunya zum Freundeskreis von Sara, deren Geliebter er auch ist und mit der er den illegalen Sender „Radio Brüderlichkeit" betreibt. Mit Sara trifft er sich 1965 im Ferienhaus der Familie Leroux. Zachariah Leroux veranlasste die Überwachung seines Hauses, nachdem er dort „eine Zeitschrift einer illegalen Organisation" (S. 231) gefunden hatte und sein Haus als Liebesnest von Sara und Simunya vermutete, die damit gegen den *Immorality Act* verstoßen würden. Als sich Sara und Adam dort aufhalten, wird das Haus von einem Polizeikommando gestürmt und die Polizisten „traktierten ihn mit Schlägen und Fußtritten" (S. 217). Adam kann sich unter Mithilfe von Jo befreien und versucht auf Saras Ruf hin ein vertäutes Boot zu erreichen. Als er die Aussichtslosigkeit seines Fluchtversuchs erkennt, gibt er auf. Er wendet sich die Hände hebend seinen Verfolgern zu, die ihn erschießen. Beigesetzt wird er in Orlando, einem Vorort Johannesburgs. Das Begräbnis,

Wird von der Polizei erschossen

3.4   Personenkonstellation und Charakteristiken

über das auch internationale Medien berichten, wird zu einem Fanal des schwarzen Widerstandes gegen die Apartheid.

Greta Leroux

wird 1939 zusammen mit ihrer um einige Minuten älteren Zwillingsschwester Lisa geboren. Als Sara 1948 in die Familie Leroux aufgenommen wird, ist Greta neun Jahre alt. Sie freut sich über die kleine Schwester, spielt mit ihr und liest ihr vor. Damit ist es schlagartig vorbei, als Greta und ihre Schwester erstmals Zeuginnen der verächtlichen Behandlung Saras durch ihren Vater werden. Ab diesem Tag spielen weder Greta noch Lisa mit Sara und es scheint, als hätte sich die von ihrem Bruder als leicht beeinflussbar charakterisierte Greta (S. 151) von Lisa manipulieren lassen: „Lisa zog Greta sofort in eine Ecke, sie tuschelten miteinander, während Freddie und Dries einen kurzen Blick wechselten. Von diesem Tag an spielten die Zwillinge nicht mehr mit Sara." (S. 75) Zusammen mit Lisa betreibt Greta eine kindlich-brutale Ausformung der väterlichen Haltung: Sie verunreinigen Saras Bett mit Kot und wollen das Putzen anschließend am liebsten der Haushaltshilfe überlassen (S. 87).

Quält Sara

Im Jahr 2000 ist Greta mit dem zehn Jahre älteren, ehemaligen Polizeioffizier Bertoldus van Rooyen verheiratet. Sie äußert sich immer noch schlecht über Sara (S. 160). Greta und ihr Mann sind nach wie vor Anhänger des alten Systems. So nennt sie die gegen die Passgesetze demonstrierenden Schwarzen von Sharpeville „Bantu-Aufwiegler" (S. 169) und sie behandelt Jos Haushälterin Hannah abfällig[40]. Auch ihr Mann zeigt nach der Schießerei im Golfclub lediglich Bedauern mit dem weißen Schützen. Gleichwohl ist Greta

Verteidigt auch 2000 die Apartheid

---

40   Obwohl Greta sicherlich Hannahs Namen kennt, bezeichnet sie sie als *meid* (S. 150).

3.4 Personenkonstellation und Charakteristiken

eine um das Wohl ihres Bruders besorgte Schwester, die ihm gerne Gutes tun würde.

Lisa Leroux

Quält Sara

Lisa, die Zwillingsschwester von Greta, hat zu ihrer Schwester eine enge Bindung und auf dem Familienbild sind sie „eng aneinandergedrückt wie immer" (S. 15). Die Verbundenheit mit Greta zeigt sich auch im Umgang mit Sara. Zusammen mit der Schwester spielt sie erst mit Sara, um sich dann nach dem Vorbild des Vaters von ihr abzuwenden und sie zu quälen. Sie beschimpft und schlägt sie und als Höhepunkt der Grausamkeit beschmiert sie zusammen mit Greta Saras Bett mit Kot.

Familienmensch

Lisa heiratet im selben Jahr (1959), am selben Tag wie ihre Schwester und verzichtet auf ihre Hochzeitsreise, weil auch Greta wegen der „Kartoffelgeschichte" und der Anhörung ihres Mannes vor der Kommission nicht verreisen kann. Anders als Greta ehelicht sie keinen Polizeioffizier, sondern den aus Namibia stammenden Architekten Hugo Burger, mit dem sie auch im Jahr 2000 noch verheiratet ist, und mit dem sie den Sohn Hans hat. Ihre Familie geht ihr über alles und dazu zählt Sara auch im Jahr 2000 nicht. Von ihrem Bruder Jo auf ihren Umgang mit der kleinen Sara und auf die Verschmutzung des Bettes angesprochen, antwortet Lisa beinahe beschwörend: „Kinder sind oft grausam, ohne es zu wollen, Jo! Du kannst doch nicht ... Denk an meinen Hugo, an seine Karriere – an dein Patenkind Hans! Wir leben in einer anderen Zeit! Das ist alles Vergangenheit." (S. 55) Lisa rechtfertigt ihre Ablehnung Saras damit, dass diese „auch kein Engel" (S. 55) gewesen sei und eine unrühmliche Rolle in der Familie gespielt habe: „Sie hat unserer Familie kein Glück gebracht, schließlich hat sie fast Pa und Ma entzweit." (S. 55) Auch 24 Jahre nach der Erschießung Saras hat Lisa keinen Frieden mit ihrer Adoptivschwester gemacht.

3.4 Personenkonstellation und Charakteristiken

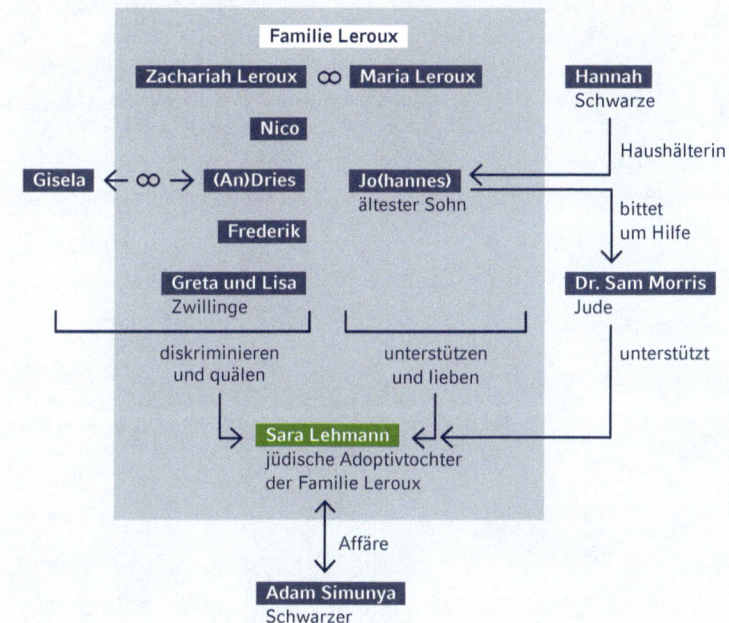

Weitere Personen

Brüder von Jo: Frederik, Nico und (An)Dries Leroux (später Ehemann von Gisela); Francois Leroux (Jos Cousin), Anni (schwarzes Kindermädchen der Familie Leroux), Kalie (schwarzer Landarbeiter bei Versters), Klaas Visser (Klaasie, schwarzer Fischer), Sophia Lister (Studentin und Geliebte von Jo in Harvard), Patricia/Patsy und Bertram Heller (Oppositionelle), Booysen (Polizeisergeant), Lester Bennet (Zeuge und Komplize von Sara und Adam), Kurt Eissen (Zeuge im Prozess), Hadassa Elron (Zeugin im Prozess), John Hill

3.4   Personenkonstellation und Charakteristiken

(Saras Rechtsanwalt), Alan Richmann (Saras Rechtsanwalt), Piki-
tia Makatini (Chauffeur von Jo), Richard Mwale (schwarzer Golfer),
Amos Myer und seine Frau (Eltern von Maria Leroux), Nkosi (Gärt-
ner), Juffrou Pienaar (Schulleiterin von Sara), Bertoldus van Rooy-
en (Gretas Ehemann), Bernard Ross (Staatsanwalt), Tante Susanna,
Emma und Paul Verster (Verwandte der Leroux'), Richter van den
Vyfer u. a.

3.5 Sachliche und sprachliche Erläuterungen[41]

VOR DEM FRÜHSTÜCK

S. 7	Pretoria	Hauptstadt von Südafrika
S. 8	Transvaal	Ehemalige Provinz Südafrikas: reich an Boden-schätzen.
S. 8	Westkap	Provinz in Südafrika
S. 9	Blomveld	Ort in der Provinz Westkap
S. 9	Dingaanstag	16.12.1838: Sieg der Voortrekker über die Zulus
S. 9	Voortrekker-Denkmal	Ein in Pretoria errichtetes Denkmal zu Ehren der südafrikanischen Pioniere
S. 9	Großer Treck	Flucht der Buren („Voortrekker") aus der Kapkolo-nie (1835–1841) in den Norden
S. 9	Boomslang	Ort in der Provinz Westkap

FRÜHSTÜCK

S. 18	„Kapdoktor"	Passatwind in der Nähe von Kapstadt
S. 19	Roosevelt	Franklin D. Roosevelt (1882–1945): Präsident der USA (Christ, kein Jude)
S. 28	Witwatersrand	Höhenzug im Transvaal, Goldlagerstätte
S. 38	Karroo	Halbwüste in Südafrika
S. 39	Union Building	Sitz der südafrikanischen Regierung in Pretoria

VORMITTAGSTEE

S. 50	Kraal	Kreisförmige Siedlung; traditionelles afrikanisches Dorf
S. 56	Bergen-Belsen	KZ bei Celle (Deutschland). Dort starb auch Anne Frank (1929–1945).

---

41 In der Taschenbuchausgabe finden sich im Anhang ebenfalls einige Wort- und Sacherklärungen sowie eine hilfreiche Karte von Südafrika.

3.5 Sachliche und sprachliche Erläuterungen

| S. 71 | Luther | Martin Luther (1483–1546), deutscher Reformator |
| S. 71 | Kalvinisten | Anhänger des Reformators Johannes Calvin (1509–1564), Begründer der Prädestinationslehre, nach der der Mensch seinen Platz im Himmel erarbeiten muss. |

EINE KALTE TASSE TEE

S. 78	Karibasee	Stausee im Norden von Simbabwe
S. 83	Initiation	Aufnahme eines Neulings in eine Gemeinschaft
S. 92	Kariba	Ort in Simbabwe

MITTAGESSEN

S. 101	kopje	einzeln stehender Felsen, Berg oder Hügel
S. 106	Epilepsie	Krankheit: Bewusstseinsstörung kombiniert mit Krampfanfällen. Auch Fallsucht genannt.
S. 106	Influenza	Grippe
S. 110	Bund Deutscher Mädel	BDM: 1930 gegründete Unterorganisation der Hitlerjugend (HJ) für Mädchen und junge Frauen.
S. 114	Stinkwood	Südafrikanischer Baum (Ocotea bullata/Stinkbaum) und Holzart.

NACHMITTAGSSPAZIERGANG

S. 116	Orlando	Township in Soweto/Johannesburg, Südafrika
S. 121	Cecil Rhodes	Britischer Geschäftsmann und Kolonialpolitiker (1853–1902)
S. 128	Paul Kruger	Präsident der Südafrikanischen Republik von 1882–1902
S. 129	puritanische	Puritanismus: Eine dem Calvinismus nahestehende Glaubensausrichtung
S. 137	Sinti und Roma	Ethnische Minderheit: sog. Zigeunervölker

3.5 Sachliche und sprachliche Erläuterungen

S. 137	Nürnberger Prozesse	In Nürnberg von 1945 bis 1949 stattfindende Prozesse gegen die Hauptkriegsverbrecher sowie Nazi-Ärzte, Juristen, Industrielle, Minister etc.
S. 142	Ovid	Antiker römischer Dichter
S. 144	Potchefstroom	Stadt in der Nordwest Provinz, Südafrika

TEA FOR TWO

S. 159	Rooibos-Tee	Rotbuschtee
S. 171	Guerillas	Partisanen
S. 175	Georgia	Bundesstaat im Süden der USA
S. 176	Fuchs' *Sittengeschichte*	Geschichte der Erotik von Eduard Fuchs (1870–1940)
S. 178	Commonwealth	British Commonwealth of Nations, gegründet 1926. Staatenbund bestehend aus Großbritannien und seinen ehemaligen Kolonien.
S. 183	Freud	Sigmund Freud (1856–1939), Begründer der Psychoanalyse
S. 187	Liberale	Freiheitlich denkende Menschen
S. 201	Kant	Immanuel Kant (1724–1804), deutscher Philosoph der Aufklärung

ABENDESSEN

S. 207	Dissertation	Doktorarbeit
S. 223	Rabbi	Jüdischer Gelehrter, Gemeindevorsteher
S. 238	Rembrandt, Vermeer, Chagall, Picasso	Berühmte Maler
S. 238	Marx	Karl Marx (1818–1883), deutscher Philosoph, Begründer des kapitalismus-kritischen Marxismus

3.5   Sachliche und sprachliche Erläuterungen

S. 238	Engels	Friedrich Engels (1820–1895), Textilunternehmer und Kapitalismuskritiker, mit Karl Marx Wegbereiter des Sozialismus
S. 243	Shoah	Vernichtung der Juden
S. 249	Kalter Krieg	Ost-West-Konflikt von 1945 bis 1991

ENDE DES TAGES

S. 261	Kruger-Nationalpark	Größtes Wildschutzgebiet Südafrikas
S. 273	Menuhin-Konzert	Konzert des berühmten Violinisten Yehudi Menuhin (1916–1999)
S. 281	Kaddish	Jüdisches Totengedenken
S. 284	Molotowcocktail	Mit Benzin gefüllte Flasche, Handgranatenersatz

3.6 Stil und Sprache

ZUSAMMEN-FASSUNG

Die Erzählersprache in *Meine Schwester Sara* ist parataktisch gehalten und es wird in der Ich-Form erzählt. Ruth Weiss setzt außerdem ein:
→ eine individuell geprägte Figurensprache
→ ein überwiegend neutrales Erzählverhalten
→ zahlreiche Motive und ihre Wiederholungen.

Erzählersprache

Ruth Weiss schreibt ihren Roman in einer klaren, verständlichen Sprache. Häufig konstruiert sie lange Sätze, wie dieses Beispiel zeigt:

Klar und verständlich

> „Zuerst zögerte ich, zur Tür zu gehen, ich erwartete niemand, dachte, es könnte nur ein Besuch für den Besitzer der Wohnung sein, ging dann aber doch seufzend aufmachen." (S. 182)

Hier ist das Stilprinzip der Parataxe verwirklicht. Satzglieder sind syntaktisch-hierarchielos gereiht. Die Parataxe dient vornehmlich dem Tatsachenbericht oder der Thesenformulierung und gibt sich schmuck- und kunstlos.

Parataxe: Information

Figurensprache

Die Figurensprache dient der Darstellung des Personencharakters. Außerdem kann aus der Figurensprache das soziale Umfeld der jeweiligen Person abgeleitet werden. Beispielhaft lässt sich das an den Figuren Sara Lehmann, Zachariah Leroux und des Kindermädchens Anni zeigen.

3.6 Stil und Sprache

Sara: Erst leidend, dann selbstbewusst

Die Sprache der kleinen und heranwachsen **Sara Lehmann** ist leidend-anklagend und voller Bitterkeit: „Sara schluchzte: ‚Die anderen mögen mich nicht. Sie hassen mich. Sie schlagen mich, weil Pa es will.'" (S. 88) Die erwachsene Sara, inzwischen Studierende der Rechtswissenschaften und in einem anregenden Freundeskreis lebend, bedient sich einer Sprache, die Lebendigkeit und Selbstbewusstsein ausdrückt. Deutlich wird dies bei ihrem unerwarteten Erscheinen bei ihrem Bruder in Johannesburg:

> „Jo, Jo. Immer beim Arbeiten. Was war das Gebot, das Francois dir vorpredigte? Du sollst nicht nur schuften, auch Spaß sollst du haben! Nein, ich möchte nicht hier bleiben. Ich will dich entführen. Auf eine Fete. Sofort!" (S. 182)

Machtmensch Zachariah Leroux

Die Sprache von **Zachariah Leroux, dem Vater der Familie,** ist die eines Machtmenschen. Sich seiner unantastbaren Stellung in Gesellschaft und Familie sicher, gibt es selten ein Zögern und meist ein Fordern und Befehlen. So auch in jener Situation, in der Freddie im Beisein seiner Geschwister seine Geburtstagstorte anschneiden möchte und seine Mutter bittet, den müden Nico noch nicht ins Bett zu bringen:

> „Freddie wollte sich eifrig an die Arbeit machen, als Pa plötzlich losschrie: ‚Ihr sollt eure Eltern ehren, wisst ihr das nicht? Frederik Paulus, du hast gehört, was deine Mutter gesagt hat, Nico ist übermüdet und muss ins Bett! Ich möchte keinen weiteren Einwand hören! Verstanden?'" (S. 52)

Ausgrenzend

Außerdem pflegt der Patriarch Leroux eine Sprache der Ausgrenzung, für die das folgende Zitat repräsentativ ist: „‚Die Juden waren Deutschlands Unglück. Ich möchte nicht, dass eine Jüdin Unglück

3.6   Stil und Sprache

in meine Familie bringt.' Pa beendete das Gespräch und ging ins Haus." (S. 62)

Anni schließlich spricht die Sprache der von der Apartheid um ihr Leben gebrachten Menschen, denen eingebläut wurde, dass jede weiße Frau, jeder weiße Mann und jedes weiße Kind höhere Lebensformen sind als sie selbst: „,Baas ist mit Missis weggefahren. Kleinbaas Andries ist auf der Farm mit Kleinbaasie Frederik. Ich passe auf, bis Baas und Missis zurückkommen.'" (S. 86)

Unterdrückte Anni

Erzählform und Erzählverhalten

Bei der **Erzählform** wird differenziert zwischen **Er-Form und Ich-Form**, wobei hinsichtlich der Ich-Form zwei Erzählertypen zu unterscheiden sind:

Erzählform

→ Der erste Ich-Erzählertyp erzählt **ohne einen zeitlichen Abstand vom Geschehen**, er weiß nicht mehr als der Leser. Erzählendes und erlebendes Ich sind weitgehend identisch. Entsprechend verfügt dieser Ich-Erzählertyp im Allgemeinen außer in Bezug auf sich selbst nur über Außensicht. Er nimmt einen internen point of view ein mit personalem Erzählverhalten.

→ Der zweite Typ des Ich-Erzählers erzählt **mit einem deutlichen zeitlichen Abstand** und daher weiß er mehr als der Leser. Das erzählende Ich ist nicht identisch mit dem erlebenden Ich. Dieser Inkongruenz wegen hat dieser Ich-Erzählertyp (außer in Bezug auf sich selbst) nur Außensicht zur Verfügung mit einem externen point of view. Sein Erzählverhalten ist demzufolge neutral oder sogar auktorial. Der Ich-Erzähler dieses Typs eignet sich insbesondere zur quasi-autobiografischen Erzählung des eigenen Lebens gegen dessen Ende.

3.6 Stil und Sprache

Hinsichtlich des **Erzählverhaltens** unterscheidet man folgende Dreier-Typologie:

Erzählverhalten

→ **Auktoriales Erzählverhalten**: Der Erzähler gibt sich als eigenständige Instanz zu erkennen. Er kommentiert, reflektiert und urteilt. Auf der Grundlage eines externen point of view offenbart er ein umfassendes Wissen über das Erzählte. Dies schließt die Innensicht, Wissen um Vorgeschichte und zukünftige Entwicklungen ein.

→ **Neutrales Erzählverhalten**: Der Erzähler gibt sich nicht als eigenständige Instanz zu erkennen, sein Verhältnis zum Erzählten ist unspezifisch und somit neutral. Dieses Erzählverhalten neigt zum externen point of view, aber nicht notwendig zur Innensicht.

→ **Personales Erzählverhalten**: Der Erzähler nähert sich erkennbar dem Standpunkt der erzählten Figur an. Dies gilt besonders dann, wenn er mit Innensicht erzählt.

Meine Schwester Sara

Aus den obigen Informationen ist leicht zu schließen, dass in der **Rahmenerzählung der Ich-Erzähler-Typ ohne einen zeitlichen Abstand** vom Geschehen vorliegt: Jo Leroux erzählt im Jahr 2000 vom Jahr 2000. In der **Binnenerzählung** hingegen liegt der **zweite Ich-Erzähler-Typ** vor: Jo Leroux erzählt aus der zeitlichen Distanz die Geschichte rund um Sara. Das **Erzählverhalten** ist überwiegend neutral, hier und da erscheint auch auktoriales Erzählverhalten, etwa wenn auf ein Wissen um den Verlauf der Geschichte verwiesen wird:

„Wie mir das Herz stach, mich ihre Worte schmerzten! Ich wünschte, ich hätte die Uhr zurückdrehen können, hätte Sara mehr unterstützen, ihr verständlich machen können, dass Leben gleichzeitig Liebe bedeutete. Zur Zeit dieser Unterhaltung in Rhodesien war alles längst zu spät." (S. 93)

3.6 Stil und Sprache

Themen und Motive

Motive sind die kleinsten Einheiten der Romanhandlung. Ruth Weiss arbeitet mit zentralen Motiven, die sich wiederholen. Erste Eindrücke, die der Leser bei der Rezeption gewinnt, können sich durch die Motivwiederholungen verdichten und **so eine erzählte Welt formen**. Gleichzeitig sorgen die Motivwiederholungen für die **Verbindung der einzelnen Kapitel** miteinander, so dass durch diese Art der narrativen Verknüpfung schließlich ein komplexes erzählerisches Ganzes entsteht. Beispiele und Effekt der wichtigsten Motive werden repräsentativ in der folgenden Tabelle dargestellt und erläutert.

Verknüpfung im Roman

MOTIV	ERSTNENNUNG	WIEDERHOLUNG	EFFEKT
Blut	„Reines deutsches Blut wird unserem Volk zugute kommen." (S. 24)	„Ma meinte einmal etwas scherzhaft, dass Oma vielleicht gedacht hatte, das derbe rote Blut des Transvaals könnte dem dünnen aristokratischen Blut der Kapburen nicht schaden." (S. 29); „Die Deutschen sind mit den Buren blutsverwandt. Hebräer sind eine andere Rasse." (S. 58); „Es mussten männliche Buren sein, strenge Kalvinisten mit Ansehen in der Gemeinschaft, einflussreichen Posten und mit reiner Genealogie, ohne englisches oder katholisches Blut." (S. 71); „Pa stand plötzlich vor mir, er bebte noch immer vor Wut. ‚Schlechtes Blut! Das ist es. Schlechtes Blut bricht immer durch.' [...] ‚Und was bedeutet reines Blut? Es tut mir Leid, ich kann Pa nicht zustimmen, dass es daran liegt. Die Nazis haben ihre Rassenphilosophie nicht	Die literaturwissenschaftliche Bedeutung des Blutmotivs ist die des Lebens, der Gewalt und des Sterbens, der Liebe, der Opferbereitschaft und der Schuld sowie der Abstammung. Die Zitate S. 29, S. 58, S. 71 und S. 176 rekurrieren auf die Abstammung, verbunden mit den Buren, die sich als Elite verstehen. Dabei ist es gleichgültig, ob die Buren aus dem Transvaal kommen oder aus Kapstadt, wie aus Zitat S. 29 zu schließen ist. Für die Buren ist ihr Blut eine Auszeichnung, für Sara ist es eine Schuld. Dies lässt sich aus den Zitaten S. 165, S. 235 und S. 247 erschließen. Dabei gibt das Zitat S. 58 die Richtung vor. Saras „Hebräertum" und das damit verbundene „schlechte Blut" (S. 165) bzw. „falsche

3.6 Stil und Sprache

MOTIV	ERSTNENNUNG	WIEDERHOLUNG	EFFEKT
		beweisen können.'" (S. 165 f.); „Und übrigens, war das nicht auch wie von den Nürnberger Gesetzen abgeschrieben? Wegen der Reinheit des Blutes?" (S. 176); „Die große Enttäuschung, dass sie keine Deutsche war. Das falsche Blut, hat er gesagt, sie hat das falsche Blut." (S. 235); „Er war verzweifelt, weil er fest glaubt, jüdisches Blut sei nicht mit reinem Buren-Blut zu vermischen" (S. 247)	Blut" (S. 235) sind für Leroux ein Kriterium, das Sara zu einem Menschen zweiter Klasse degradiert. Die Nähe dieser Ideologie zur nationalsozialistischen Ideologie kommt in den Zitaten S. 165 f. und S. 176 zum Ausdruck.
Jos Zeichnung von Pa und Sara	„Ich hatte am letzten Abend in Pretoria Sara und Pa gezeichnet, als sie zusammen vor dem Kamin saßen, Pa im Lehnstuhl, Sara ihm zu Füßen, sie hatte sich eng an ihn gelehnt. Am Nachmittag hatte ich die Skizze vervollständigt und war ziemlich zufrieden, dachte, es wäre mir gelungen, die Harmonie zwischen Vater und Kind festzuhalten." (S. 53)	„Die Zeichnung für Sara rahmte ich wie versprochen kurz nach unserer Rückkehr ein, legte sie ihr auf den Tisch, nachdem ich ihr an einem Abend etwas vorgelesen hatte. Aufgehängt hat sie sie nie." (S. 67); „Als ich fragte, was der Brief enthielt, sah sie mich prüfend an, dann sagte sie: ‚Eine deiner Zeichnungen, Jo. Das Bild eines Vaters und einer Tochter. Der Vater schien das Kind an sich zu drücken. Doch dann sah man, dass er in der streichelnden Hand – einen Dolch hielt.' […] Sie hatte die Zeichnung über die Jahre behalten! Den Dolch hatte sie eingefügt." (259 f.)	Das Zitat S. 53 steht für die Innigkeit des Verhältnisses zwischen Leroux und seiner Adoptivtochter, die übrigen Zitate sind von gänzlich anderer Qualität. Das Zitat S. 259 f. steht für die psychische Gewalt, die Leroux dem Kind angetan hat und die durch den Dolch repräsentiert wird. Die Zitate S. 67 und die Textstelle auf S. 260 korrespondieren miteinander. Bleibt zunächst der Verbleib der Zeichnung offen (S. 67), klärt sich dieser in Zitat S. 260. Zugleich geht aus diesem Zitat hervor, wie Sara ihre Behandlung durch Leroux empfunden hat.

3.6 Stil und Sprache

MOTIV	ERSTNENNUNG	WIEDERHOLUNG	EFFEKT
Meer/ **Meerkat**	„Mein Umzug in das Haus am Meer stand schon fast vor der Tür." (S. 11 f.)	„Doch das Meer, der wilde Atlantische Ozean, das ist geblieben." (S. 12); „Ich folgte ihm, verbrachte eine arbeitsreiche Nacht auf dem brausenden Meer." (S. 145); „Ich flüchtete nach Boomslang. Fuhr mit meinem alten Freund Klaasie [...] und seiner Mannschaft auf dem Fischerboot nachts aufs Meer." (S. 199); „Ma stand am Fenster und blickte auf das Meer." (S. 234)	Das Motiv des Meeres steht für Herausforderung und Bewährung, aber auch für das Beständig-Unerschöpfliche (*Meerkat*). Diese Bedeutung findet sich in Zitat S. 12. Der Atlantik war schon immer da und wird es immer sein. Herausforderung und Bewährung finden sich in den Zitaten S. 145 und S. 199. Nach aufwühlenden Ereignissen bewährt sich Jo auf der nächtlichen See und findet so zu seinem psychischen Gleichgewicht zurück. Im Sinne einer Bewährung ist auch das Zitat S. 234 zu verstehen. Frau Leroux ist mit dem verräterischen Verhalten ihres von ihr geliebten Ehemannes konfrontiert worden und muss sich nun verhalten. Zugleich versucht sie mit dem Blick auf den Atlantik ihre innere Ruhe wiederzufinden, was auf die Bedeutung des Beständigen verweist. Nicht ohne Grund möchte Jo daher auch seinen Lebensabend in Haus *Meerkat* verbringen.
Verrat	„Du scheinst vergessen zu haben, dass sie euch nicht verraten hat, das habt ihr selbst getan, oder?" (S. 55)	„Dennoch brachte ich es nicht fertig, die Polizei zu benachrichtigen. Unmöglich. Ich hätte Sara verraten!" (S. 199); „Sie zu verraten war unverzeihlich. Ich teilte Mas Entrüstung. Ihre Scham." (S. 232); „Ich war um Ma bekümmert. Auch ich war tief getroffen durch Pas Verrat." (S. 235); „Sie hatte sich	Das Motiv des Verrats steht dafür, was ein inhumanes System aus Menschen machen kann. Zachariah Leroux verrät seine Adoptivtochter (Zitate S. 232, S. 235), ein Arbeiter verrät versteckte Juden (Zitat S. 243). Die Zitate S. 55 und S. 199 stehen dagegen für Moral und Widerstand.

3.6 Stil und Sprache

MOTIV	ERSTNENNUNG	WIEDERHOLUNG	EFFEKT
		versteckt gehalten, ein Deutscher hatte die Leute versteckt. [...] 1944 wurden sie von einem Arbeiter verraten." (S. 243); „‚Er wurde verraten', antwortete sie sofort, ‚man hielt ihn an einer Ampel an. Das war 1963.'" (S. 181)	Außerdem liefern diese Textbelege ein Charakterbild von Sara (S. 55) und Jo Leroux (S. 199). Das Zitat von S. 181 beinhaltet den Verrat von Nelson Mandela, der von dem inhumanen politischen System anschließend für 27 Jahre im Gefängnis inhaftiert wurde.
Gewalt	„Die schwarze Regierung zeigte sich menschlicher als die weiße. Obwohl man heute in größerer Unsicherheit lebt als früher, die Kriminalität ist erschreckend. Das unvermeidliche Erbe einer gewalttätigen Gesellschaft." (S. 115 f.)	„In den Townships herrschte die Gewalt schon lange, nur wir Weißen waren dermaßen abgeschirmt, dass wir kaum etwas davon wussten." (S. 116); „Der Bantu antwortete, er könne kein Afrikaans [...]. Darauf hat der *bossboy* ihn geschlagen, gefesselt, in eine Hütte gebracht, wo der Farmer ihn auspeitschte." (S. 154); „Vielleicht traf ihn deswegen der erste Schuss so zielgerecht ins Herz? Ich schrie, als ich die Schüsse hörte, ihn taumeln und zu Boden sinken sah." (S. 218); „Die schwarzen Massen folgten Biko mit großer Begeisterung. Jahre später, 1977, glaube ich, nahm man Biko in seiner Heimatstadt fest. Er wurde beim Verhör furchtbar zusammengeschlagen." (S. 264); „Die Überschrift: Aufstand der Jugend! Ein schwarzer Stadtteil brennt!" (S. 283); „Sofort wurde der Wagen umzingelt, zu spät begriff Pa die Gefahr, da wurde das Auto schon gerüttelt und umgestoßen, die Scheiben zertrümmert. Eine Glasscherbe traf Pas Halsschlagader, er war tot, ehe sie ihn herauszerrten." (S. 285)	Auch das Motiv der Gewalt steht für die Auswüchse eines unmenschlichen Systems (vgl. Stichwort Verrat). Das Zitat S. 115 f. ist eine Bestandsaufnahme Südafrikas des Jahres 2000. Sie ist als Summe von gewalttätigen Ereignissen zu sehen, die repräsentiert werden durch die Zitate S. 116, S. 154 und S. 283. Wichtige Figuren des Romans sind individualisierter Gewalt ausgesetzt wie Adam Simunya (Zitat S. 218) oder Zachariah Leroux (S. 285), wodurch sie eine konkrete Dimension bekommen. Für eine individuell-historische Dimension steht das Zitat S. 264, das für das Sterben der realen Figur Steve Biko steht.

3.6 Stil und Sprache

Stilmittel

STILMITTEL	DEFINITION	TEXTBELEG
Anakoluth	Satzabbruch	„Bei Bewusstlosigkeit kann man nie wissen, ob irgendwelcher Schaden…" (S. 105)
Ellipse	Verzicht auf einen Satzteil, der nicht zum Verständnis notwendig ist.	„Überall Panzer, [...], fremde Soldaten. Unsere waren weg. Mein Vater auch." (S. 111)
Imperativ	Befehlsform	„Mach schon, Dries, los!" (S. 99)
Interjektion	Ausruf	„Mein Gott!" (S. 89)
Litotes	Untertreibung	„Die schmalen Lippen unter der geschwungenen Nase [...] gaben ihm einen grimmigen Ausdruck, der kaum untypisch für ihn war." (S. 14 f.)
Metapher	Mittel des uneigentlichen Sprechens, bildhafter Ausdruck ohne Vergleichspartikel	„Er hatte das rote Licht schon 1989 aufblitzen sehen und seinen Hut genommen [...]." (S. 149)
Parenthese	Einschub	„Obwohl – oder weil? – ich wusste, dass sie mit ihren sechs Geschwistern und der Mutter in einem Lager gewesen war." (S. 24)
Rhetorische Frage	Eine Frage, die keine Antwort erwartet	„Wie kann die Wirtschaft ohne eine starke Regierung funktionieren?" (S. 173)
Vergleich	Gedankenfigur durch Nebeneinanderstellung zweier Wortinhalte mit dem Vergleichswort „wie".	„Wie niedlich sie ist! Wie ein kleiner Engel." (S. 33)

3.7 Interpretationsansätze

ZUSAMMEN-
FASSUNG

In *Meine Schwester Sara* porträtiert Ruth Weiss die Ideologien Antisemitismus und Apartheid. Sie zeigt die Analogien auf und beschreibt die Auswirkungen auf die von ihr betroffenen Menschen im Allgemeinen und auf Sara Lehmann im Besonderen.

Analogien Antisemitismus und Apartheid

Was versteht man unter dem Begriff der Ideologie?

Definition
Ideologie

„Im politischen Sinne dienen I. [Ideologien] zur Begründung und Rechtfertigung politischen Handelns. I. [Ideologien] sind daher immer eine Kombination von a) bestimmten Weltanschauungen (Kommunismus, Konservatismus, Liberalismus, Sozialismus), die jeweils eine spezifische Art des Denkens und des Wertsetzens bedingen, und b) eine Kombination von bestimmten Interessen und Absichten, die i. d. R. eigenen (selten: uneigennützigen) Zielen dienen, d. h. neben der Idee und Weltanschauung auch den Wunsch (und die Kraft) zur konkreten politischen und sozialen Umsetzung ausdrücken."[42]

In *Meine Schwester Sara* werden sowohl die **Ideologie des Antisemitismus** als auch die **Ideologie der Apartheid** porträtiert.

Antisemitismus

Sehen wir uns zunächst die Ideologie des Antisemitismus im Roman an. Ruth Weiss lässt Sara die Rede von Robert H. Jackson,

---

42 Schubert/Klein: *Das Politiklexikon*. Bonn: Dietz, 2006.

dem amerikanischen Ankläger in den Nürnberger Prozessen gegen die Hauptkriegsverbrecher, zitieren:

> „‚Man hat den Juden ihre Berufe genommen, ihre Bürgerrechte, hatte ihnen ihr Besitztum gestohlen, sie durften nicht mehr erben oder vererben, durften nicht auf Parkbänken sitzen oder einen Kanarienvogel halten, keine Restaurants, keine Kinos, Theater oder Konzerte besuchen, für sie galten bestimmte Rassengesetze, ihnen wurden ihre staatsbürgerlichen Rechte entzogen, sie wurden zu Gefangenen im eigenen Land, ihre Menschenrechte und ihre Menschenwürde wurden in den Staub getreten, bis sie …‘, sie hielt an, dann beendete sie schnell den Satz, ‚bis sie in die Konzentrationslager deportiert wurden und in die Gaskammer kamen.‘“ (S. 163 f.)

Mit diesem erzählerischen Vorgehen porträtiert Weiss den Antisemitismus und schildert zugleich weitgehend kompakt die Geschehnisse im faschistischen Deutschland.[43]

Die **Apartheid** wird erzählerisch nicht so geschlossen darge-   Apartheid
stellt, vielmehr muss der Leser sich selbst ein Bild aus einzelnen Details diskriminierenden Handelns im Roman zusammensetzen. So stößt der Leser im Text an vielen Stellen auf die grundsätzliche Abwertung schwarzer Menschen (vgl. S. 60), dem systematischen Vorenthalten von Bildung für Schwarze („Man darf Menschen keine Erziehung angedeihen lassen, die Erwartungen wecken, die nicht zu erfüllen sind.“, S. 78), dem *Immorality Act* (S. 217) oder dem Missbrauch von Gefangenen als Zwangsarbeiter (S. 153). Selbst das

---

43 Ergänzt werden diese Fakten noch durch Details aus dem Lager Ravensbrück, in dem Sara 1944 geboren wurde, und die Hadassa Elron vor Gericht erzählt (vgl. S. 243 ff.). Jo und Sara reisen getrennt voneinander nach Deutschland und erfahren auch hier noch einiges über den deutschen Faschismus (vgl. S. 134 ff., S. 267 ff.).

3.7   Interpretationsansätze

Phänomen der Ghettoisierung wird im Text beschrieben: „Deswegen wollte die Regierung die Eingeborenen zurück in ihre Heimatländer schicken, dort sollten neue Industrien eingerichtet werden, so dass sich diese armen Gebiete entwickeln würden und man neue Wirtschaftsstrukturen aufbauen konnte." (S. 117)

Analogien

Es ist Sara Leroux, die die **Analogien beider Ideologien** im Text formuliert:

> „Wissen Sie, Euer Ehren, ich bitte Sie um Verzeihung, wie Sie es gewünscht haben. Doch ich möchte sagen, dass einige dieser Anklagen mir vorkamen, als ob es sich um … meine neue Heimat handelte. […] Hier bei uns befinden sich die Schwarzen in einer Situation, die mir erscheint, als ob sie auch nicht in Ordnung ist. Sie dürfen nur bestimmte Arbeiten verrichten. Es ist ihnen verboten, auf Parkbänken zu sitzen. Sie dürfen in kein Theater oder Restaurant gehen, das für Weiße bestimmt ist. Schwarze haben nicht dieselben Bürgerrechte wie Weiße. Unsere Rassengesetze – sind die nicht ebenfalls ungerecht? Wie diese Passgesetze, für die der Mann, dem ich zur Flucht verholfen habe, verurteilt worden war." (S. 164)

Autorin Weiss lässt ihre Figur Jo Leroux noch weitere Analogien formulieren:

> „Hatten wir Angst vor dem geschriebenen Wort wie die Nazis? Sicher würden auch wir bald Bücher verbrennen. Und wie war das mit dem Geschlechtsverkehr zwischen Menschen unterschiedlicher Rassen? Wie konnte man das verbieten, das war unmenschlich! Und übrigens, war das nicht auch wie von den Nürnberger Gesetzen abgeschrieben? Wegen der Reinheit des Blutes?" (S. 176)

3.7   Interpretationsansätze

Die letzte Frage führt zur **Grundlage beider Ideologien**, nämlich zur Idee der **Minderwertigkeit bestimmter Rassen**. Die Naziideologen betrachteten die Juden als minderwertig, für die weißen Buren waren Schwarze und Mischlinge ebenfalls Menschen zweiter Klasse. „‚Pa ist überzeugt, Hitlers Theorie sei richtig gewesen, alles kommt auf Abstammung an, man ist das, womit man geboren ist, alles liegt an Vererbung', stand in Mas Brief [...]." (S. 169) Ausschlusskriterium ist das Blut. Juden haben das „falsche Blut" (S. 235), giftet Zachariah Leroux. Und somit ist die Person von Dr. Zachariah Leroux im Text stellvertretend die Vereinigung beider Ideologien, die so viele Gemeinsamkeiten und Parallelitäten aufweisen: Er ist überzeugter Antisemit und Apartheidspolitiker.

Rasse als Schlüsselbegriff

Zachariah Leroux

Das Fatale an der Einstellung der Rassisten ist, dass diese einmal so abqualifizierten Menschen nie eine Chance haben werden, egal welche Leistungen sie erbringen oder welche Charakterzüge sie tragen, weil es ja „am Blut liegt" und die Menschen dadurch ins Abseits gestellt werden und nicht am gesellschaftlichen Leben teilnehmen dürfen. So werden Rassisten nur schwer von der Absurdität ihrer Ideologie zu überzeugen sein. Und so wird schon über ein vierjähriges jüdisches Kind wie Sara der Stab gebrochen. Schwarzen Kindern geht es nicht anders, sie sind unterernährt, ohne dass es die weißen Arbeitgeber ihrer Eltern kümmert (S. 50), und sollen nur das lernen, was den weißen Herren nützt.

Somit sind beide Ideologien selbstverständlich eigennützig (vgl. b) in der Definition, S. 100). Der weiße Bure rekrutiert billige Arbeitskräfte ebenso wie der Nazi-Deutsche, der auch von Haushaltsauflösungen deportierter Juden profitierte (S. 270). Beide – Bure wie Nazi – hielten mit Gewalt die Macht in der Hand, ehe sich die ideologisch Unterdrückten dagegen wehrten bzw. gerettet wurden.

Eigennützigkeit und Macht

Gewalt und Macht

3.7 Interpretationsansätze

Sara Lehmann zwischen Antisemitismus und Apartheid

Opfergeschichte

Die Geschichte Sara Lehmanns in *Meine Schwester Sara* kann als Opfergeschichte verstanden werden. Das jüdische Kind, dessen Familie Opfer des Antisemitismus in Deutschland wurde, gelangt nach Südafrika – in der Hoffnung auf ein besseres Leben[44]. Auch dieser Staat ist ideologisch ausgerichtet, er hängt der Ideologie der Apartheid an, in deren Zentrum ebenfalls der **Rassengedanke** steht (vgl. Ausführungen vorheriges Kapitel). Dabei verstehen die Anhänger der Apartheid in Analogie zu den nationalsozialistischen Ideologen die Rasse sowohl als biologisches Phänomen als auch als eine Art Qualitätssiegel. Die Naziideologen betrachten die Juden als minderwertig, für die weißen Buren sind die Schwarzen und Mischlinge Menschen zweiter Klasse. Juden natürlich auch. Die Konsequenz ist die Dominanz der weißen „Herrenrasse" und die Unterwerfung der gemäß dieses Denkens minderwertigen Menschen. Im Roman heißt es:

> „Wie oft sagte Pa, es sei unsere Pflicht, für unser Volk zu kämpfen, nichts sei so wichtig wie die Erhaltung der Volksgemeinschaft durch unseren gemeinsamen Glauben. […] Wir seien das auserwählte Volk." (S. 26)

Chancenlosigkeit gegen einen Antisemiten

Es ist klar, dass Demokratie und Individualität in diesem Denken keinen Platz haben. Fatal ist, dass diese Ideologien einhergehen mit einem totalitären Anspruch: Der Bürger hat sich zu unterwerfen. Individuelle Rechte werden negiert und Verstöße gegen die Regeln des Systems rücksichtslos verfolgt und sanktioniert.

---

44   Kurt Eissen erklärt im Prozess seine Beweggründe: „Es schien das Beste für das Kind!" (S. 250)

3.7   Interpretationsansätze

Für Sara bedeutet das **Chancenlosigkeit**. Zunächst wird sie mit der Personifikation der Apartheid, Zachariah Leroux, konfrontiert. Dieser duldet kein Hinterfragen der Apartheid, wie der junge Jo leidvoll erfahren muss (S. 30). Gleichzeitig ist Leroux Antisemit: „Pa ist überzeugt, Hitlers Theorie sei richtig gewesen, alles kommt auf Abstammung an, man ist das, womit man geboren ist, alles liegt an Vererbung', stand in Mas Brief […]." (S. 169) Für Sara bedeutet dies eine jahrelang andauernde Verachtung durch den Mann, der einen anderen Menschen durch sein Blut definiert: „Das falsche Blut, hat er gesagt, sie hat das falsche Blut." (S. 235) Dagegen kommt sie nicht an (vgl. S. 192). Das Schlimme an dieser ausweglosen Situation ist, dass Zachariah Leroux mit seiner Einstellung auch die Familie beeinflusst und sich seine Kinder – wie in der patriarchalen Familienstruktur erlernt – ebenfalls gegen Sarah wenden: Die Brüder ignorieren Sara, die altersmäßig nahestehenden Zwillingen quälen und misshandeln sie. Lediglich die Mutter versucht, Sara eine Stütze zu sein, was die Zwillinge ihr übelnehmen und wofür Sara wiederum büßen muss (vgl. S. 77). Jo, der ebenfalls auf Saras Seite steht, lebt dagegen schon die meiste Zeit fernab der Familie und Sara.

Opfer in der Familie

Später kann Sara Zachariah Leroux zwar den Rücken kehren, doch nun legt sie sich mit dem südafrikanischen Staat an. Der reagiert auf Opposition ebenfalls gnadenlos, wie der Aufstand von Sharpeville zeigt:

Gnadenloser Staat

> „[…] der zurückgekehrte Premier Hendrik Verwoerd schrieb mit einem anderen Stift. Er benutzte das Blut seiner Gegner. Sharpeville war für seine Regierung das Signal: Auf in den Kampf gegen die Opposition! Er wetterte gegen die Liberalen, die ausländische Presse, die internationalen Proteste, begann, bei der Opposition aufzuräumen, die er von kommunistischen Aufwieg-

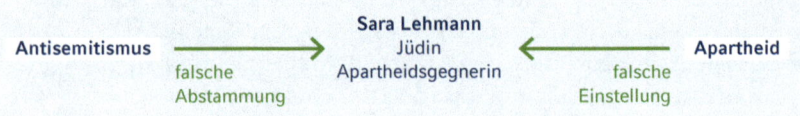

Antisemitismus → **Sara Lehmann** Jüdin Apartheidsgegnerin ← Apartheid
falsche Abstammung falsche Einstellung

lern unterwandert sah. Ein Ausnahmezustand wurde verhängt. Hunderte Verdächtige aller Rassen wurden inhaftiert. Die zwei schwarzen Parteien wurden verboten. Die Fronten verhärteten sich." (S. 173)

Dabei lässt er mit BOSS eine effektive Organisation agieren, wie Opferanwalt Alan Richmann darlegt:

„BOSS ist eine interessante Organisation. Der Chef steht dem Premierminister sehr nahe, soweit man mich informiert hat. Parteifreunde, Genossen. Was immer. Jedenfalls hat der Premierminister dem Geheimdienst enorme Macht verliehen. BOSS kann jeden Bürger festnehmen und ihn oder sie in Einzelhaft halten. Oder unter Bann stellen. Das kann alles Mögliche bedeuten: Hausarrest, keinen Kontakt mit anderen Menschen – man kann manchmal über derartige Fälle etwas hören. Lesen ist schwieriger, das ist auch verboten." (S. 250 f.)

Chancenlosigkeit gegen den Apartheidsstaat

Für diesen Staat sind oppositionelle Haltungen zu bekämpfen und gegebenenfalls zu liquidieren. Während Sara im ersten Prozess noch durch die Reputation ihrer Adoptivfamilie geschützt wird, ist Zacharia Leroux der Grund für den zweiten Prozess, nachdem er Sara verraten hat: Leroux hat sich nun komplett auf die Seite des Staates gestellt und zählt Sara nicht mehr zu seiner Familie und so steht sie auch nicht mehr unter seinem Schutz. Im Aufstand

3.7 Interpretationsansätze

von Soweto, wo Oppositionelle mit Waffengewalt niedergemetzelt werden, wird auch Sara getötet: „Die Polizei hatte auf den Wagen geschossen, beide waren getroffen worden. [...] Was hatte sie dort auch zu suchen, diese Weiße." (S. 284) Sara wird nach dem Holocaust zum zweiten Mal Opfer: Der südafrikanische Staat tötet sie, die oppositionelle Weiße.

4. REZEPTIONSGESCHICHTE

→ *Meine Schwester Sara* ist von den jungen Lesern und Rezensenten positiv aufgenommen worden. Kritiker betonen den emotionalen Gehalt des Romans, sein pädagogisches Potential und das erzählerische Können seiner Autorin.

→ 2008 wurde *Meine Schwester Sara* als Hörspiel produziert.

→ Eine literaturwissenschaftliche Auseinandersetzung mit dem Roman erfolgte bisher nicht.

Spannend und zur Diskussion anregend

Bisher ist *Meine Schwester* Sara nicht Gegenstand literaturwissenschaftlicher Forschung. Das lesende Publikum nahm den Roman mit einer Mischung aus Wohlwollen und Betroffenheit auf. *Meine Schwester Sara* wurde in vielen Jugendbuch- und anderen Onlineportalen rezensiert, so im Onlineportal des Goethe-Instituts, wo sich **Rolf Annas** im Jahr 2011 wie folgt äußert:

„Dieser 2002 im Maro Verlag erschienene Jugendroman ist durchaus auch etwas für erwachsene Leser. Er beruht auf historischen Tatsachen und deckt im Wesentlichen die Zeit von 1948, als die Nationale Partei in Südafrika an die Macht kam, bis zum Soweto-Aufstand im Jahre 1976 ab. Da die Geschichte jedoch im Jahr 2000 erzählt wird, erfährt der Leser auch noch etwas über das Ende der Apartheid in den neunziger Jahren. […]. Nicht nur, um bei Schülern eine Diskussion über Werte anzuregen, sondern auch, um Erwachsene wieder neu über ihren Umgang mit Mitmenschen und mit ihren eigenen Kindern nachdenken zu lassen, erfüllt der Roman eine wichtige Funktion. Und ist nebenbei auch noch sehr spannend zu lesen."[45]

Der Rezensent der **Augsburger Allgemeinen** nennt den Roman „bewegend" und lobt das erzählerische Können von Ruth Weiss:

> „Wenn diese Geschichte, wie angegeben, auf einem authentischen Schicksal beruht, dann ist sie wohl eine der bewegendsten, die aus dem Holocaust hervorgegangen sind. Und zwar deshalb, weil hier persönliches und überpersönliches Schicksal eine so enge Verbindung eingehen. Wer vom Unrecht in der Welt wissen will, wer Unrecht in Lehrbeispielen der Geschichte begreifen will, wer dazu Literatur auf hohem erzählerischen Niveau haben will, der greift zu diesem Buch."[46]

Bewegend und erzählerisch gekonnt

Der Rezensent des **Zürcher Unterländer** äußert sich ähnlich:

Plädoyer für Toleranz

> „‚Meine Schwester Sara' ist ein bedrückendes Zeitdokument aus den Zeiten der Apartheid in Südafrika. Ruth Weiss ist es gelungen, anhand einer Familiengeschichte die ganze Dramatik der damaligen Zeit einzufangen und so für den Leser ein eindrückliches Plädoyer für mehr Toleranz zu schaffen. Unbedingt lesenswert."[47]

Die Rezipientin der Katholischen Frauengemeinschaft Deutschlands lobt Weiss' Darstellung der Auswirkungen der jüngsten deutschen und südafrikanischen Geschichte auf das aktuelle Südafrika.

Berührend

---

45 http://www.goethe.de/ins/za/prj/sua/gen/rue/wei/de9070260.htm
46 http://rosendahl.de/magazin/artikel.php?artikel=123&type=2&menuid=209&topmenu=60
47 http://rosendahl.de/magazin/artikel.php?artikel=123&type=2&menuid=209&topmenu=60

„Berührend, aber unsentimental verwebt Ruth Weiss in ihrer Familiengeschichte die langen Schatten der deutschen und südafrikanischen Vergangenheit mit der Gegenwart Südafrikas."[48]

Hörbuch

2008 wurde *Meine Schwester Sara* als **Hörbuch** produziert, Sprecher ist der Schauspieler **Dietmar Schönherr**. Dieser plädierte dafür, den Roman zur Pflichtlektüre in Schulen zu machen:

„Vielleicht kann ein Buch wie ‚Meine Schwester Sara' dazu beitragen, dem Hass in unserer Gesellschaft ein wenig den Boden zu entziehen. Man sollte es zur Pflichtlektüre an unseren Schulen machen."[49]

Schullektüre

Inzwischen gehört der Roman zum Lektürekanon der Realschulen.

---

48 www.dtv.de/buch/ruth-weiss-meine-schwester-sara-62169/
49 Ebd.

5. MATERIALIEN

Die Europäer in Südafrika

Die moderne Besiedlung Südafrikas durch die Europäer begann 1652 mit einem Versorgungsstützpunkt für Handelsschiffe.

Der Niederländer Jan van Riebeek gründete im Auftrag der Ostindischen Handelskompanie eine Kolonie am Kap der Guten Hoffnung (heute: Kapstadt) als Versorgungsstützpunkt für niederländische Handelsschiffe. Nach ersten Rückschlägen begann der Handel zu florieren. In der Folge wurde der Hafen ausgebaut, Docks wurden errichtet sowie ein Krankenhaus. Dies ging einher mit einem erhöhten Bedarf an Arbeitskräften. Um diesen Bedarf zu decken, wurden Sklaven aus den niederländischen Kolonien Indonesiens importiert.

Bald kamen weitere niederländische Emigranten zusammen mit Einwanderern aus anderen europäischen Ländern ins Land. So ließen sich 1688 in Frankreich verfolgte Hugenotten am Kap der Guten Hoffnung nieder. Autorin Weiss verweist darauf, indem sie Zachariah Adriaan Leroux einer Hugenottenfamilie entstammen lässt (S. 11). Mit der Zuwanderung stieg der Bedarf an landwirtschaftlich nutzbarem Land. Auf der Suche danach zogen weiße Farmer, die sogenannten Trekburen, zunächst in den Norden und Nordosten Südafrikas und verdrängten die dort lebenden Khoikhoi (Hottentotten), später die Xhosa im Osten.

Trekburen ziehen ins Landesinnere

In den städtischen Gemeinden am Kap sah sich die Kolonialverwaltung mit emanzipierten Bürgern konfrontiert, die eine politische Selbstbestimmung wünschten und erste freie Republiken ausriefen. In dieser Phase politischer Instabilität landeten 1795 die Engländer am Kap und verleibten die Kapkolonie der britischen Krone ein. Dies

"Groot Trek"
1835: Die Voor-
trekker verlassen
die Kapkolonie

löste den „Groot Trek" aus. 1833 verbot die britische Kolonialre-
gierung den Sklavenhandel und forderte die weißen Farmer auf,
ihre Sklaven zu entlassen. Die Buren sahen ihre angeblich von Gott
gewollte, auf Ausbeutung ausgerichtete Sozialordnung gefährdet
und verließen das britische Einzugsgebiet. Mehr als 10.000 Buren,
die sogenannten Voortrekker verließen ab 1835 mit ihren Familien
die Kapkolonie.

1838: Schlacht am
Blood River

Die Voortrekker wollten sich im Osten (heute: Provinz KwaZulu
Natal) niederlassen. Eine Delegation unter Vorsitz von Piet Retief
verhandelte mit dem Zulufürsten Dingane, der sich zunächst koope-
rativ zeigte, dann aber die Delegation und um die 500 Voortrekker
töten ließ. Andries Pretorius als neuer Führer der Überlebenden
und seine Trekburen schlugen am 16. Dezember 1838 die Zulus
in der historischen Schlacht am Blood River vernichtend. Dieser
Tag wurde von den Buren in der Folge als „Dingaanstag" gefeiert,
heute wird er „Gelöbnistag" genannt (S. 9). In der Folge wurde in
Natal die erste Burenrepublik mit der Hauptstadt Pietermaritzburg
gegründet. 1842 allerdings besetzten britische Truppen die Buren-

1852: Gründung
der Südafrikani-
schen Republik

republik und annektierten das Hinterland. Die Voortrekker zogen
weiter nach Nordosten und ließen sich am Vaal-Fluß nieder. Dort
gründeten sie das unabhängige Transvaal, das 1852 zur Südafrikanischen Republik wurde.

1848 erklärte Großbritannien das gesamte Land zwischen Vaal-
und Oranje-Fluss zum britischen Hoheitsgebiet. Die Buren leisteten
jedoch Widerstand und da die Engländer das Gebiet für wirtschaft-

1854: Gründung
des Oranje
Freistaat

lich uninteressant hielten, gaben sie es auf. Am 23. Februar 1854
wurde der Vertrag von Bloemfontein geschlossen, der zur Gründung
des Oranje Freistaats führte, der sich in der Folge wirtschaftlich und
politisch erfolgreich entwickelte. 1877 allerdings gliederte Großbritannien die Südafrikanische Republik wieder ein. Dagegen wehrten
sich die Buren unter Paul Kruger, die sich 1880 wieder für unab-

hängig erklärten, womit sie den ersten Burenkrieg ausgelösten. 1881 schlugen sie die Briten in der Schlacht am Majuba Hill. Der Friedensvertrag vom 23. März 1881 sicherte daraufhin den Buren im Transvaal Selbstverwaltung unter formeller britischer Oberherrschaft zu und 1884 erlangte die Südafrikanische Republik wieder ihre volle Unabhängigkeit, mit Paul Kruger als ihrem Präsidenten. Als 1886 im Transvaal Gold gefunden wurde, änderte Großbritannien seine Strategie. Um Zugriff auf die Bodenschätze zu haben, sollten der Transvaal mit den britischen Kolonien zu einer Union zusammengeführt werden. Diese Entwicklung führte am 11. Oktober 1899 zum Zweiten Burenkrieg.

1880/1881: Erster Burenkrieg

1899–1902: Zweiter Burenkrieg

Die Armee der Buren umfasste rund 52.000 Soldaten, die der Briten rund 400.000. Der Krieg nahm den erwartungsgemäßen Verlauf. Nach anfänglichen Erfolgen der Buren annektierten die Briten am 1. September 1900 den Transvaal und besetzten auch den Oranje Freistaat. Die Buren gaben sich jedoch nicht geschlagen und begannen einen Guerillakrieg gegen die britischen Besatzer. Diese reagierten erbarmungslos. Auf Befehl Horatio Herbert Kitcheners jagten die Briten die Buren systematisch und verbrannten ihre Farmen. Frauen und Kinder wurden in Konzentrationslagern interniert, wo man sie zu Tausenden sterben ließ (S. 25 f.). Weiss verweist mit ihrer Figur der Tante Susanna darauf. Mit diesem Vorgehen konfrontiert, streckten die Buren schließlich die Waffen. Am 31. Mai 1902 wurde der Friedensvertrag unterschrieben. Die Briten übernahmen die beiden Burenrepubliken und gründeten die Südafrikanische Union.

Engländer richten KZs ein

In den folgenden Jahren wurden Gesetze erlassen, die die Politik der Rassentrennung einleitete und die Rechte der schwarzen Bevölkerungsmehrheit zunehmend beschnitt. Der „Mines and Works Act" von 1911 beispielsweise verpflichtete schwarze Menschen zu niederen Arbeiten, wodurch die Weißen wieder über Sklaven ver-

Rassentrennung

fügen konnten. Der „Native Land Act" von 1913 wies schwarzen Menschen 7,3% der Fläche Südafrikas zu. Außerhalb dieser Gebiete durften sie nicht leben. Zu der perfiden Strategie des weißen politischen Establishments gehörte das Wahlverbot für Schwarze kombiniert mit einem Streikverbot. Es gab somit keine Möglichkeiten für einen politischen Protest. In dieser Situation konstituierten sich der „African National Congress" (ANC, 1912) sowie weitere Widerstandsbewegungen, die allerdings noch wenig effektiv waren.

1948: Erfolg der rechtskonservativen „National Party"

Ab 1945 kam es zu ersten wilden Streiks schwarzer Arbeiter. Die um ihre Privilegien besorgten Weißen wählten daraufhin die rechtskonservative „National Party" unter Daniel François Malan. Dieser hatte in seinem Wahlkampf drastische Maßnahmen gegen Schwarze angekündigt und führte die Apartheid ein (vgl. Kapitel 2.2).

Jüdische Menschen im Nationalsozialismus

Der deutsche Nationalsozialismus war antisemitisch und davon betroffen waren sogenannte Rassefremde.

Zu den Rassefremden zählten gemäß der nationalsozialistischen Ideologie die jüdischen Menschen. Nach der Machtübernahme Hitlers wurden sie zunächst schikaniert, dann deportiert und getötet.

Nürnberger Gesetze

Die erste offizielle, sich gegen jüdische Menschen richtende Maßnahme war der eintägige Boykott ihrer Geschäfte am 1. April 1933. Im September 1935 erfolgte die Akklamation der „Nürnberger Gesetze". Diese Gesetze bildeten den Rahmen, innerhalb dessen die antisemitische Ideologie in politische Realität umgesetzt wurde. Sie umfassten zum einen das „Gesetz zum Schutz des deutschen Blutes und der deutschen Ehre": Dies verbot generell Sex zwischen jüdischen und nichtjüdischen Partnern, auch Eheschließungen waren untersagt. Der Jurist Hans Globke verlieh den Nürnberger Gesetzen die rechtliche Scheinlegalität. Außerdem ordnete er an, dass jüdische Menschen die Namenszusätze „Israel" und „Sara" zu tragen haben (vgl. S. 57 und S. 245 im Roman).[50]

Das zweite Gesetz war das „Reichsbürgergesetz". Es fraktionierte die deutschen Bürger in „Reichsbürger" mit vollen Rechten und „Staatsangehörige" mit eingeschränkten Rechten. Die jüdischen Menschen wurden den „Staatsangehörigen" zugeordnet und so zu Bürgern zweiter Klasse mit eingeschränkten Rechten degradiert. Durch in den folgenden Jahren erlassene Verordnungen wurden sie mehr und mehr in die rechtliche und soziale Isolierung gedrängt (S. 163). Einige versuchten der gefährlichen Situation durch Ausreise zu entkommen, die meisten blieben jedoch im Land. Im November 1938 kam es zu Pogromen (Reichskristallnacht 9./10. November 1938). Ab 1941 erfolgten erste Deportationen aus dem alten Reichsgebiet in die Ghettos und Konzentrationslager in den Osten.

In der Wannsee-Konferenz vom 20.1.1942 wurde der europaweite Mord an den jüdischen Menschen beschlossen und seine Organisation initiiert. Bereits ab den 1930er-Jahren hatten die Nazis Konzentrationslager errichten lassen, so in Dachau, Buchenwald oder Bergen-Belsen, dem Geburtsort Saras. In ihnen verschwanden Menschen, die den Nazis nicht passten wie Kommunisten[51], Zigeuner oder homosexuelle Menschen. Ab 1942 wurden überwiegend im von den deutschen Truppen eroberten Polen die Vernichtungslager wie Auschwitz und Treblinka errichtet, wo die jüdischen Menschen zu Millionen getötet wurden.

Internierung, Deportation und Vernichtung

---

50 Hans Globke wurde nach dem Krieg nicht etwa zur Rechenschaft gezogen, sondern von Bundeskanzler Konrad Adenauer nach der Bundestagswahl 1953 zu seinem Staatssekretär gemacht.
51 Auch für Zachariah Leroux gehören Kommunisten zum Feindbild vgl. S. 117, 153, 165.

Nadine Gordimer über Ruth Weiss

Die südafrikanische Schriftstellerin Nadine Gordimer (1923–2014), Literaturnobelpreisträgerin von 1991, äußerte sich in ihrem Nachwort der Autobiografie Ruth Weiss' wie folgt:

Anteilnahme
und Mut

„Ihr Bericht über diese Phase ihres Lebens kommt einer Antwort an all jene gleich, die die Hände heben und fragen, was ein Weißer in Südafrika tun könne. Ihre Identifikation mit den Problemen Afrikas und vor allem mit denen der Menschen in den Staaten der südafrikanischen Region ist nicht lediglich eine Angelegenheit angewandter Intelligenz: Sie hat sich als eine der Ihren erwiesen und wird von den Afrikanern als solche vollständig angenommen. Afrikanität ist nicht nur eine Frage der Hautfarbe; sie ist vor allem eine Angelegenheit des Herzens sowie menschlicher Bindung und Anteilnahme; und Ruth Weiss verfügt über beides.

Diese stille Frau offenbarte Mut bei ihren politischen Verbindungen und Handlungen. Diese wiederum entstanden aus der nahezu furchteinflößenden Ehrlichkeit, die sie kennzeichnet: Glaubt sie an die Richtigkeit einer Sache, handelt sie entsprechend, im vollen Bewußtsein der möglichen Konsequenzen. Im Ergebnis ihres Widerstandes gegen die Apartheid verwehrte man ihr in den Jahren, in denen sie in anderen Teilen Afrikas sowie in Europa arbeitete, die Einreise nach Südafrika, ihrem Heimatland. Ich besuchte sie in Zimbabwe und fand ihr Haus wie immer offen für jeden, der Bett und Mahlzeit benötigte – und manchmal auch Obdach einer ganz anderen Art. Ihr jeweiliges Zuhause in London oder Afrika war immer sichere Zuflucht für Exilanten und Vertriebene. Rührt dies her von ihrer eigenen, lange zurückliegenden Kindheitserfahrung als flüchtige Einwanderin? Ich glaube nicht. Sie verfügt über jene Anteilnahme, die sich auf ganz andere Nöte und Bedürftigkeiten

erstreckt als auf jene, die sie einmal erlebte. Auch wenn ich mit ihr
befreundet bin, kann ich ganz objektiv sagen, daß sie die mensch-
lich wärmste und anteilnehmendste Frau ist, der ich je begegnet
bin." [52]

---

[52] http://www.juedischeliteraturwestfalen.de/index.php?valex=101&vArticle=10
&author_id=00000461&id=1

6. PRÜFUNGSAUFGABEN MIT MUSTERLÖSUNGEN

Die Zahl der Sternchen bezeichnet das Anforderungsniveau der jeweiligen Aufgabe.

Aufgabe 1*

Zeichnen Sie anhand geeigneter Textzitate die Ereigniskette zwischen Zachariah Leroux und Sara Lehmann nach.

Mögliche Lösung:

Ablehnung Saras durch Leroux

Ausgelöst wird die verhängnisvolle Ereigniskette durch die Abwendung Leroux' von Sara nach Bekanntwerden ihrer jüdischen Herkunft. Bald versagt er ihr jegliche väterliche Zuwendung und spricht auch nicht mehr mit ihr: „Für Pa schien Sara unsichtbar geworden zu sein." (S. 75) Sara zieht sich zurück: „Sie lief ihm nicht mehr entgegen, streckte nie mehr die Ärmchen nach ihm aus." (S. 75) Außerdem kommt es zu Demütigungen vor der Familie (S. 75). Dies sind für Sara prägende Erfahrungen, die sie wie folgt zusammenfasst: „Ich war acht Jahre alt und lebte schon lange in der Hölle. Ich wusste, ich muss irgendetwas ganz Schlimmes getan haben – Pa weigerte sich, mit mir nur ein Wort zu wechseln, die Jungen gingen mir aus dem Weg, die Zwillinge schimpften mich aus, schubsten und schlugen mich, sie ließen sich immer etwas einfallen. Ich muss diese Strafe verdient haben, habe ich gedacht, weißt du." (S. 92) Schlüsselfigur dieses kindlichen Leidens ist Leroux.

Ausbildung eines politischen Bewusstseins

Ab 1953 besucht Sara eine Mädchenschule, wo ihr Unrechtsbewusstsein durch ihre Musiklehrerin Julia White eine politische Dimension bekommt. Ausdruck dessen ist Saras Fluchthilfe für ei-

nen von einer Kartoffelfarm entlaufenen Häftling und Zwangsarbeiter, die für Aufsehen sorgt: „Selbstverständlich reagierte man bei
der Polizei mit großem Entsetzen, als man feststellte, dass es sich
bei Sara um die Schwägerin eines höheren Polizeioffiziers handelte
und um die Tochter eines hohen Beamten und wichtigen NP-Funk-
tionärs." (S. 158) Für Leroux „war die ganze Sache ein Alptraum"
(S. 160). Entgegen seiner ursprünglichen Absicht, Sara einsperren
zu lassen, bürgt er im sich anschließenden Verfahren für ein zukünf-
tiges adäquates Benehmen seiner Adoptivtochter und erspart ihr
das Jugendstrafgericht sowie sich und der Regierung einen Skandal.

Sara nutzt das Magistratsverfahren für eine erste Kampfansa-
ge gegen ihren Vater („Ich bin kein richtiges Afrikaandermädchen.
Ich habe keinen Vater."; S. 162) und für ein politisches Statement,
das als oppositionelle Haltung ihrem Vater gegenüber verstanden
werden kann. (S. 163 f.) „Ich war mir nicht bewusst gewesen, wie
total Sara das System ablehnte" (S. 165), heißt es von Jo im Roman. Sara lehnt das System ab und damit ihren Adoptivvater, der
Repräsentant des Systems ist. Zachariah Leroux hat es verstanden
und er nimmt Saras Vorgehen persönlich: „‚Leid? Es tut ihr Leid?'
Pa stand breitbeinig neben uns, die Adern an seinen Stirnhöhlen
traten stark hervor, er atmete keuchend. Selbst in dieser Situation
vermied er es, Sara direkt anzusprechen. ‚Denkt sie, damit ist es
auch bei mir abgetan, diese Beleidigung, diese infame Anklage …'"
(S. 166) Die kluge Maria Leroux beschreibt die Gefühle Zachariah
Leroux' nach diesem Geschehen: „Er fühlt sich von Sara gekränkt
und beleidigt." (S. 169)

Saras Gefühle haben sich qualitativ verändert. Als Kind traurig
und als Internatsschülerin die Anerkennung ihres Adoptivvaters su-
chend, hasst sie Leroux als Studentin. Entsprechend agiert sie bei
einer Preisverleihung der Universität Stellenbosch. Dabei verfährt

*Leroux fühlt
sich gekränkt*

*Zweiter Affront:
Kritik an der
Bildungspolitik*

sie nach demselben Muster wie bei der Magistratsverhandlung Jahre zuvor. Sie bringt ihren Adoptivvater in eine unmögliche Situation, um dann den Staat zu kritisieren (S. 200 ff.). Formvollendet rettet Leroux in der Öffentlichkeit die Situation (S. 202), doch er schlägt zurück. Als er erfährt, dass Sara sich mit einem Schwarzen in dem familieneigenen Ferienhaus trifft und dort auch oppositionelle Publikationen liest („Ich fand eine Zeitschrift einer illegalen Organisation in mein … unserem Ferienhaus." S. 231), zeigt er sie bei den Behörden an und lässt das Haus beobachten. Das ist seine Rache an Saras Vorgehen in Stellenbosch, das ihn tief verletzt hat und das er für so schwerwiegend hält, dass er es in Saras Prozess erwähnt: „Sie beschwerte sich, dass an einem Wettbewerb nur die weißen Universitäten teilnehmen konnten." (S. 230) Sollte Leroux die Strategie verfolgt haben, die renitente Adoptivtochter durch eine Gefängnisstrafe verschwinden zu lassen und somit auszuschalten, muss er sich getäuscht sehen. Sara ist die moralische Siegerin des Prozesses und wird freigesprochen. Sie und Zachariah Leroux finden nicht zusammen.

Sara verlässt auf der Flucht vor dem Geheimdienst das Land und lässt Leroux eine symbolische Zeichnung zukommen (S. 259 f.), die ihn beunruhigt. Nach ihrer Rückkehr Jahre später hat sich an der Situation nichts geändert. Jo gegenüber vergleicht Sara ihren Adoptivvater mit einem deutschen Nazi (S. 271) und kritisiert die Absicht der Regierung, der Leroux nach wie vor angehört, Afrikaans als Unterrichtssprache in den Schulen einzusetzen. Sara ist selbstverständlich dagegen: „,Ich hoffe, sie werden diese neue Regel nicht durchsetzen.' Sara klang bekümmert. ,Diese Generation ist hoch politisiert. Nicht gebildet, leider, dazu erhalten sie zu wenig gute Schulbildung! In diesen überfüllten Klassen mit schlecht ausgebildeten und zu wenigen Lehrern ist das nicht zu erwarten. Aber sie wissen, was sie wollen. Und was sie nicht wollen, ist Afri-

Leroux lässt Sara verhaften

Weiter auf Konfrontationskurs

kaans.'" (S. 280) Auch in diesem Punkt nehmen Sara und Leroux gegensätzliche Standpunkte ein. Sicherlich hätte es erneut eine direkte Konfrontation zwischen Sara und Leroux gegeben, wären beide nicht bei den Aufständen von Soweto und Johannesburg ums Leben gekommen.

Aufgabe 2**

Zeigen Sie anhand geeigneter Beispiele mit Textzitaten, dass Ideologie Unfreiheit bedeutet.

Mögliche Lösung:

In „Meine Schwester Sara" erscheinen Menschen, die auf unterschiedliche Weise unfrei sind. Diese Unfreiheit resultiert aus dem Glauben an die Ideologie des Antisemitismus und der Apartheid.

Vorgezeichneter Lebensweg

Hannah beispielsweise ist ein Opfer der Apartheid. Für Hannah bedeutet das einen vorgezeichneten Lebensweg ohne Rücksicht auf ihr eigentliches Wollen. Gemäß des bildungspolitischen Konzeptes der Apartheid, dass Schwarzen Bildung vorenthalten werden soll, muss sie die Schule früh verlassen: „Ihr letzter Schultag war für sie ein trauriges Erlebnis gewesen, sie wäre gerne länger in der Schule geblieben, wie ihre Brüder, sie konnte nur einige Jahre auf die Mission gehen, bevor sie zu Madam in die Küche geschickt worden war." (S. 77 f.) Hannah muss Dienstmädchen werden. Ihre Träume kann sie begraben.

Gert Delange verliert der Apartheid wegen seinen Job und somit seine Lebensgrundlage. Von dem Rassisten Amos Myer wird er für einen *„kleurling"* (S. 126) gehalten, und allein dieser Verdacht reicht aus, um ihn auf die Straße zu setzen: „Ob dieser Gert Delange, der aus dem Kap stammte, wirklich nicht richtig klassifiziert war unter unserem Bevölkerungsgesetz, wurde nie geklärt. Jeden-

Zerstörte Existenz

falls stürmte *Oubaas* in das Büro des Direktors und drohte, jeden *shiftboss* zu einem Streik aufzurufen. Das genügte. Delange wurde fristlos entlassen." (S. 126) Tragisch ist, dass damit auch das Leben von Delanges Tochter Belinda, Saras Freundin, eine traurige Wendung nimmt, indem sie aus der Schule verwiesen wird.

Zugewiesene Wohnorte

Nichtweiße Menschen können im eigenen Land ihren Wohnort nicht frei wählen. Arbeiter auf den Farmen müssen sich mit dem Land begnügen, das ihnen der Farmer zur Verfügung stellt (vgl. S. 50). Dabei interessieren den Farmer die Lebensbedingungen der Menschen nicht, wie Jo Leroux auf der Farm eines Verwandten beobachten kann: „Ich beobachtete, wie eine junge Frau vor einer Hütte Mais stampfte. Ein Kind, fast nackt, mit dickem Bauch, Zeichen seiner Unterernährung, krabbelte im Sand umher." (S. 50) Ein weiteres Mittel zur organisierten Unfreiheit bestimmter Bevölkerungsgruppen sind die Townships und die Passgesetze, die jedem Nichtweißen einen Wohnort zuweisen und den Verstoß dagegen hart sanktionieren (S. 133 f.).

Vorgeschriebene Liebespartner

Selbst in intimsten Lebensbereichen sind die Menschen nicht frei. Ausdruck dessen ist der *Immorality Act* und das Verbot von Mischehen. In einem Gedicht Simunyas heißt es:

„Immorality Act
Gott schuf
Mann und Frau
Dich und mich
Gebot die Liebe –
Was Gott gebot
Ist es nicht Frevel
Es zu verbieten?"
(S. 207)

Mit solchen Feinheiten halten sich die Ideologen nicht auf. Sie lassen die Menschen buchstäblich bis in deren Schlafzimmer verfolgen, wie jene Szene zeigt, in der ein Polizist nach der Erschießung Simunyas und der Verhaftung Saras gebrauchte Bettwäsche aus einem Schlafzimmer in *Meerkat* konfisziert: „Während wir uns unterhielten, trat ein Polizist aus einem der Schlafzimmer. Er trug ein Bündel. Bettlaken. Ich sah den Sergeant angeekelt an. ‚Äh … Wir brauchen … Beweise.‘ Er fügte hinzu: ‚Es wurde Anzeige erstattet. Es ist unsere Pflicht ihr nachzugehen.‘" (S. 219 f.)

Ein Beispiel dafür, dass eine Ideologie auch emotional unfrei machen kann, ist der Umgang von Zachariah Leroux mit Sara Lehmann. Leroux und das Kind lieben sich sofort (S. 32 ff.). In Unkenntnis ihrer Herkunft zeigt er dem Kind seine Zuneigung, so „nahm Pa Sara öfter mit, wenn er Besuche bei Parteifreunden machte, vor allem bei denen, die ebenfalls ein Waisenkind aufgenommen hatten" (S. 35). Es scheint, als wolle er mit dem hübschen und intelligenten Kind renommieren. Sein Umgang mit ihm ist sehr liebevoll (S. 37 f.). Dann, von der jüdischen Abstammung des Kindes wissend, gestattet er sich die Zuneigung nicht mehr und bezichtigt Sara wider aller Vernunft der Täuschung: „‚Die Papiere kamen heute‘, sagte er, er sprach schneller, als es sonst seine bedächtige Art war. ‚Es stellt sich heraus, dass wir einen falschen Eindruck von dem … diesem Mädchen hatten.‘" (S. 56) Er versucht, sich Sara aus dem Herzen zu reißen, indem er sie ignoriert. Doch das Belassen von Sara in seiner Familie, ihre christliche Erziehung („Er empfand es als christliche Tat, ein Waisenkind aufzunehmen."; S. 109), und auch die Finanzierung ihres Studiums an der renommierten Universität Stellenbosch sind Zeichen seiner Zuneigung zu ihr. Doch er agiert, als müsse er die Adoption vor sich entschuldigen, so arbeitet er mehr und ist häufig in Sitzungen, in denen die Apartheidsgesetze beschlossen und auf den Weg gebracht werden (S. 67).

Emotionale Unfreiheit

Pflicht vs. Liebe

Dass Sara ihm nicht gleichgültig ist, zeigt das Lesen ihrer Zeugnisse und der Stolz auf ihre Leistungen, so berichtet Maria Leroux ihrem Sohn Jo: „Er hat sie wirklich sehr gern gehabt, weißt du das, Jo? Immer! Auch später. Er war auch stolz auf ihre Erfolge, nur – er hat es nicht gezeigt. Auch nicht mir. Doch ich habe einmal gesehen, wie er ihre Zeugnisse las, die ich mit euren in meinem Zimmer aufbewahre." (S. 247) Maria Leroux ist es auch, die das Dilemma und die Unfreiheit ihres Mannes in Worte fasst: „Das machte es so schwer für ihn … Er war verzweifelt, weil er fest glaubt, jüdisches Blut sei nicht mit reinem Buren-Blut zu vermischen … Er tat nur seine Pflicht, als er sich von ihr entfremdete." (S. 247)

Aufgabe 3 ***

Stellen Sie die drei Säulen der Apartheid dar. Belegen Sie Ihre Angaben mit Textbeispielen.

Mögliche Lösung:
Die drei Säulen der Apartheid sind Religion, Tradition und Männerherrschaft.

Religion

Zur Religion heißt es im Roman wie folgt: „Wie oft sagte Pa, es sei unsere Pflicht, für unser Volk zu kämpfen, nichts sei so wichtig wie die Erhaltung der Volksgemeinschaft durch unseren gemeinsamen Glauben. Unser Vertrauen auf Gott würde uns zum Sieg verhelfen. Wir seien das auserwählte Volk. Hatte Er es nicht bewiesen? Durch den Wahlsieg der Nationalen Partei über die *verdomde engelse*?" (S. 26) Aus diesem Zitat kann geschlossen werden, dass die Buren Religion als Grundlage der Volksgemeinschaft ansehen. Sie wähnen sich als das von Gott auserkorene, „auserwählte Volk", dem als Zeichen der Gnade der Wahlsieg ihrer Partei über Jan Smuts 1948 ermöglicht wurde. Diesen Wahlsieg stilisieren die Buren zu einem

Zeichen Gottes und leiten daraus ein Selbstverständnis ab, das sie
unantastbar sein lässt. Sie verstehen sich als Exekutive Gottes und
so kann ihr Handeln nicht falsch sein. Selbstverständlich kann es
auch nur den einen wahren Glauben geben. Es ist der Kalvinismus,
auf den sich die Buren beziehen (S. 71).

Eine weitere Säule der Apartheid ist die Tradition. Eine Schlüsselrolle spielt dabei der *Dingaanstag* (16. Dezember), der zu Füßen
des *Voortrekker*-Denkmals begangen wird und über den der Ich-
Erzähler berichtet: „dort huldigten wir den tapferen Helden, die im
Lauf des Großen Trecks am Anfang des 19. Jahrhunderts aus dem
Kap ausgezogen waren. Damals besiegte an einem solchen Tag eine kleine Anzahl Buren den Zulukönig Dingane." (S. 9)[53] Dem Sieg
über die Zulus folgte die Konstitution der ersten Burenrepublik, er-
go die Bildung der Volksgemeinschaft, die im Denken der Buren so
wichtig ist. Entsprechend wird dieser Tag jedes Jahr gefeiert, mit
Volkstänzen, dem Singen von **Volk**sliedern und dem Verzehr ge-
bratener Wurst. Natürlich wird bei solchen Feiern die **volks**tümlich-
burische Tracht getragen. Auch die Modellfamilie der Apartheid,
die Familie Leroux, feiert regelmäßig „am *Voortrekker*-Denkmal"
(S. 9). Dieses Denkmal spielt ebenfalls eine Schlüsselrolle im Kon-
text der Tradition. Denkmäler verankern ein Geschehen im kollek-
tiven Gedächtnis eines Volkes und tragen zur Mythenbildung bei.
Als Mythos bezeichnet man sowohl überlieferte Dichtungen bzw.
Sagen über das Werden eines Volkes als auch eine Person oder ein
Geschehen, welche damit in Zusammenhang stehen. So steht das
Voortrekker-Denkmal für das Werden des südafrikanischen Buren-
staates.

Übrigens gibt es eine interessante Analogie zu den Vereinig-
ten Staaten von Amerika, genauer gesagt zu den *Madonna of the*

Tradition

---

53   Dazu siehe Kapitel 5. Materialien. S. 111 ff.

Trail-Monumenten. Dabei handelt es sich um zwölf Monumente[54] zu Ehren der Frauen, die den amerikanischen Westen besiedeln halfen. Abgebildet ist eine bewaffnete Frau mit zwei Kindern. Eine Frau mit zwei Kindern ist auch Teil des *Voortrekker*-Denkmals, doch daraus auf eine exponierte Stellung der Frau in der Apartheidsgesellschaft zu schließen, wäre falsch. Die Apartheidsgesellschaft ist eine patriarchalische Gesellschaft, womit wir bei der dritten Säule der Apartheid wären, der Männerherrschaft.

Männerherrschaft

Bezeichnend dafür ist die Stellung des Mannes in der Familie, wofür Zachariah Leroux ein wunderbares Beispiel ist: „Ich brauche kaum zu erklären, dass sich in unserem Haus alles um Pa drehte. Er war in jedem Sinn des Wortes das Familienoberhaupt. Wir gehörten einem patriarchalen Stamm an. Pas Wünsche waren für uns Befehle. Auch – vielleicht vor allem – für Ma. Sie war die traditionelle Afrikaander-Ehefrau. Wir Jungen erwarteten nichts anderes von unseren zukünftigen Ehefrauen." (S. 42) Selbstverständlich beruft sich das Familienoberhaupt auf Religion („‚Ihr sollt eure Eltern ehren, wisst ihr das nicht?'"; S. 52) und Tradition (S. 29). Selbständiges Denken wird unterbunden. Diese Erfahrung muss der älteste Sohn Johannes Leroux machen, der vorsichtig an der Rassentrennung zweifelt und von seinem Vater mit Schlägen in Kombination mit religiösem Dogmatismus zur Ordnung gerufen wird: „Das brachte mir als Achtjähriger eine Ohrfeige ein: Ich fragte, wieso im Kap, auch auf der Leroux-Farm, so viele Farbige lebten, die waren Mischlinge, oder? Hatten sie nicht weiße und schwarze Opas gehabt? [...] Pa war zornig gewesen. Ich müsse lernen, ihm nicht zu widersprechen. Wenn in der Vergangenheit Menschen gefrevelt hätten, so müsse man das verzeihen, aber nicht erlauben, den Frevel weiter zu betreiben. Gott in seiner Weisheit hatte den Turm von Babel

---

54 Für jeden der 12 Bundesstaaten entlang der National Old Trails Road wurde eine Statue errichtet.

zerstört. Die Rassen, die Er erschaffen hatte, mussten rein erhalten werden." (S. 30) Im Roman heißt es über Zachariah Leroux: „Er glaubte an die Richtigkeit der Apartheid. Mehr noch, er glaubte, diese Politik sei Gottes Auftrag. Jede Vermischung der Rassen war gegen Gottes Gebot." (S. 235) Es überrascht nicht, dass bei einem solchen Mann auch das Schmücken eines Weihnachtsbaumes etwas Staatstragendes hat: „Wie erwartet erschien Pa, um mein Werk kritisch zu überprüfen. Er verließ das Zimmer ohne ein Wort, was mich sehr freute. Später kam er zurück, Ma an seinem Arm, und beide nickten befriedigt." (S. 68 f.)

Frauen sind vom öffentlichen Leben ausgeschlossen. Wissenschaft, Politik und Wirtschaft sind allein den Männern vorbehalten. Ausdruck dessen ist der *broederbond*, der im Roman wie folgt beschrieben wird: „Keiner bewarb sich beim *broederbond*. Der Verband suchte sich seine Leute selber aus. Es mussten männliche Buren sein, strenge Kalvinisten mit Ansehen in der Gemeinschaft, einflussreichen Posten und mit reiner Genealogie, ohne englisches oder katholisches Blut. Kandidaten wurden lange beobachtet, ihre Familiengeschichte gründlich recherchiert, ehe sie heimlich eingeladen wurden. Mit der Warnung, niemand etwas davon zu sagen. Später folgte die Initiation, mit dem feierlichen Schwur, niemals die Geheimnisse der Organisation preiszugeben." (S. 71) Aufnahmekriterien in diesen Männerbund sind Religion, Tradition und natürlich die Zugehörigkeit zum männlichen Geschlecht. Er ist ein Vehikel zur Sicherung der politischen Macht weißer Männer.

Rolle des
broederbondes

LITERATUR

Zitierte Ausgabe:
Weiss, Ruth: *Meine Schwester Sara*. 10. Auflage. München:
Deutscher Taschenbuch Verlag, 2016.

Autobiografie und Biografisches:
Weiss, Ruth: *Wege im harten Gras. Erinnerungen an Deutschland,
Südafrika und England*. 2. Auflage. Wuppertal: Peter Hammer
Verlag, 1995.
Brinkbäumer, Klaus; Thimm, Katja: *... und da saß Mandela.*
13.6.2014
http://www.spiegel.de/spiegel/print/d-127862079.html
(abgerufen am 25.11.2016) → Ruth Weiss spricht über ihre
Begegnung mit Nelson Mandela und den aktuellen Antisemitismus
Jackman, Rebecca: *Weiss exhibition opens at Jewish Museum.*
8.9.2014
http://www.iol.co.za/capetimes/weiss-exhibition-opens-at-
jewish-museum-1747269 (abgerufen am 1.12.2016) → Bericht
über eine Ruth Weiss gewidmete Ausstellung im Jüdischen
Museum Kapstadt
Shelliem, Jochanan: *Künste im Exil: Ruth Weiss. Schriftstellerin.*
16.9.2013
http://kuenste-im-exil.de/KIE/Content/DE/
Sonderausstellungen/StimmendesExil/Objekte/weiss-ruth.html
(abgerufen am 29.11.2016) → Ruth Weiss erzählt über ihre Publikationen und die Entstehungsgeschichte von *Meine
Schwester Sara* (Audio)

Storksberger, Werner: *Wir brauchen Menschen wie Sie.*
12.12.2014
http://www.wn.de/Muensterland/Kreis-Coesfeld/
Luedinghausen/1817898-Ehrung-fuer-Ruth-Weiss-Wir-
brauchen-Menschen-wie-Sie (abgerufen am 27.11.2016)
→ Bericht über die Verleihung des Bundesverdienstkreuzes an
Ruth Weiss

Werner, Marie-Christine: *Ruth Weiss. Journalistin und Schriftstellerin. 9.11.2016*
http://www.swr.de/swr2/programm/sendungen/zeitgenossen/
swr2-zeitgenossen-ruth-weiss-journalistin-und-
schriftstellerin/-/id=660664/did=18454108/nid=660664/whboto/
index.html (abgerufen am 27.11.2016) → Ruth Weiss gibt Aus-
kunft über ihre Erfahrungen im faschistischen Deutschland,
über ihr Leben in Südafrika und über die südafrikanische
Historie (Audio)

http://www.dw.com/de/ruth-weiss-eine-deutsch-afrikanische-
jahrhundertzeugin/a-17912539. 10.9.2014 (abgerufen am
1.12.2016) → Über die journalistische Arbeit von Ruth Weiss
mit biografischen Informationen

http://www.juedischeliteraturwestfalen.de/index.php?valex=101
&vArticle=1&author_id=00000461&id=1 (abgerufen am
26.11.2016) → Zahlreiche Informationen über Biografie und
Werk der Autorin

Über *Meine Schwester Sara*:

Annas, Rolf: Ruth Weiss: Meine Schwester Sara. 2011.
http://www.goethe.de/ins/za/prj/sua/gen/rue/wei/
de9070260.htm (abgerufen am 25.11.2016) → Artikel über die
Struktur und Einbettung des Romans in die Historie Südafrikas

http://rosendahl.de/magazin/artikel.php?artikel=123&type=2 &menuid=209&topmenu=60 (abgerufen am 27.11.2016)
→ Kurze Zusammenfassung des Romans mit Rezensionen
www.dtv.de/buch/ruth-weiss-meine-schwester-sara-62169/

Über Südafrika/Apartheid und Afrika:

http://www.suedafrika.net/suedafrika/geschichte.html (abgerufen am 3.12.2016) → Sehr informative Seite über die Geschichte Südafrikas

Township – die Armenviertel Südafrikas. http://www.kapstadt-entdecken.de/reiseinformationen-suedafrika/township/ (abgerufen am 2.12.2016) → Informativer Bericht über die Townships

Apartheid in Südafrika. 23.3.2009. http://suedafrika-news.de/ apartheid-in-suedafrika/ (abgerufen am 2.12.2016) → Bericht eines Touristen, der Südafrika 2009 bereist hat

Der Weg nach Bantustan. 2.3.1955. http://www.spiegel.de/ spiegel/print/d-31969350.html (abgerufen am 1.12.2016)
→ Zeitgenössischer Artikel (1955!) über die Bevölkerungs-politik der Apartheidsregierung

Mandela, Nelson: *Der lange Weg zur Freiheit. Autobiografie.* Frankfurt am Main: Fischer Taschenbuch Verlag, 1994.

Weiss, Ruth: *Zimbabwes Diktator. Die Perle, die den Glanz verlor.* 2016.

CIA-Tipp soll zu Mandelas Verhaftung geführt haben. In *Der Spiegel.* 15.5.2016.
http://www.spiegel.de/politik/ausland/nelson-mandela-cia-tipp-brachte-suedafrikas-freiheitskaempfer-ins-gefaengnis-a-1092521.html (abgerufen am 26.3.2017)

http://www.bpb.de/politik/hintergrund-aktuell/169626/50-jahre-haft-fuer-charles-taylor-26-09-2013 (abgerufen am 15.10.2016)

Nationalsozialismus/Antisemitismus:

Erdmann, Karl Dietrich: *Deutschland unter der Herrschaft des Nationalsozialismus 1933–1939*. München: dtv, 1985. S. 151–216.
→ Das Buch gewährt einen guten Einblick in das Wesen des Nationalsozialismus

Hofer, Walther (Hrsg.): *Der Nationalsozialismus. Dokumente 1933–1945*. Frankfurt am Main: Fischer Taschenbuchverlag, 1981. S. 267–277. → Darstellung von Judenverfolgung und Judenausrottung

Schubert, Klaus; Klein, Martina: *Das Politiklexikon*. Bonn: Dietz, 2006.

STICHWORTVERZEICHNIS

ANC 16–18, 30, 34, 42, 46, 48, 54, 114

Antisemitismus 6, 8, 21, 23–26, 48, 51, 61, 68, 69, 73, 81, 100, 101, 104, 121, 128, 131

Apartheid 6–8, 11–13, 16, 18–21, 23–26, 34, 36, 41, 42, 44, 53, 54, 57, 59–62, 65–70, 80, 82, 83, 93, 100, 101, 104, 105, 108, 109, 114, 121, 124, 125, 127, 130

Biko, Steve 16, 53, 98

Binnenerzählung 7, 57–61, 94

Broederbond 33, 67, 73, 127

Burenkrieg 28, 29, 45, 113

de Klerk, Frederik Willem 16

Erzählverhalten 91, 93, 94

Figurensprache 8, 91

Gordimer, Nadine 11, 116

Großer Treck 32, 125

Homelands 14

Ich-Erzähler 7, 57–59, 65, 67, 71–73, 75, 93, 94, 125

Immorality Act 7, 14, 26, 47, 48, 50, 51, 65, 66, 69, 82, 101, 122

Jackson, Robert H. 40, 100

Kruger, Paul 88, 112, 113

Malan, Daniel François 13, 114

Mandela, Nelson 10, 11, 13, 16, 17, 30, 42, 43, 45, 46, 54, 59, 64, 65, 81, 98, 128

Mbeki, Thabo 17, 30

Nürnberger Gesetze 96, 102, 114, 115

Nürnberger Prozesse 40, 101

National Party 13, 114

Parataxe 8, 91

Passgesetze 14, 15, 42, 83, 122

Rahmenerzählung 7, 57–59, 94

Sharpeville 16, 41, 42, 57, 61, 69, 75, 83, 105

Soweto 7, 16, 56, 57, 61, 62, 66, 70, 78, 108, 121

Strijdom, Johannes Gerhardus 13, 15

Townships 14, 16, 18, 36, 88, 98, 122, 130

Verwoerd, Hendrik Frensch 13, 14, 16, 105

Wahrheitskommission 17, 20

Women's March 37, 57, 61, 76

Zuma, Jacob 17, 18